スポーツ少年の
やる気に火をつける!

励ます技術

立花龍司

竹書房

はじめに

私の趣味は映画鑑賞です。中でもアメリカのスポーツ映画を好んで見ます。

私は、なぜアメリカのスポーツ映画が好きなのか？

それは、映画の中に登場する「選手を励ますシーン」「選手を励ます言葉」を見たり聞いたりするのが好きだからです。今から本書の中で詳しくお話しいたしますが、この「選手を励ます（やる気にさせる）声がけ」のことをアメリカでは「peptalk（ペップトーク）」（〝pep〟は英語で元気、活気、活力という意味）といいます。

私は過去、コンディショニングコーチとして日本のプロ野球をはじめ、メジャーリーグ、日本の社会人野球、大学野球、ボーイズリーグ（小中学校硬式野球）などさまざまなチームで野球というスポーツに携わってきました。

そんなコーチング生活の中で気づいたのは「強いチームは相手をヤジらず、ひたすら自チームを励ましている」ということでした。弱いチームほど相手チームをののしるようなヤジが多く、強いチームほどチームメイトを励ましたり、勇気づけたりするような言葉をかけていました。

言葉は、人間の持つ唯一のコミュニケーションツールです。言葉には人のいろんな思いを伝える力があります。私は野球に長く携わり経験を積む中で、ポジティブな言葉の重要性に気づき「相手をやる気にさせる言葉」「励ます言葉」に注目するようになっていきました。

野球人口は減っていますが、野球人気は衰えていません。野球をする子供の数は確かに減っていますが、プロ野球の観客動員数は年々伸び続けています。

一体、これは何を示しているのでしょうか?

答えは簡単です。要は昔ながらの怒鳴ったり、けなしたりするだけの指導者たちが、野球界（とくに少年野球）には多いため「野球をしよう」と思う子供の数が減ってきている（あるいは野球を始めてもすぐに辞めてしまう）状況を表しています。

中学生くらいになったら「勝つため」の考え方、やり方、手法を教えるべきですが、小学生のうちはそのスポーツの「楽しさ」「面白さ」を伝えるだけで十分です（これはどんなスポーツにも共通していえることです）。

負け続けていたら、それは確かにつまらなくなってしまいますし、負けたのにヘラヘラと笑っているような選手もまわりにあまりいい影響を及ぼしません。

しかし、小学生のうちは「勝つための努力が楽しい」ということを教えてあげるのが何よりも大切です。ですから、負けたからといってやみくもに怒ったり、けなしたりするような指導はやってはいけないのです。

小学生のうちに身体に刷り込まれた「そのスポーツが好き」という気持ちが、

その後に訪れる壁や障害を乗り越える力となります。

野球に限らず、どんなスポーツでも、小学生のうちは「そのスポーツが楽しい」ということをまず第一に教えてあげるようにしてください。そのためには、子供たちのやる気を引き出すための言葉を、大人たちがしっかりと使えるようにならないといけません。

また、落ち込んだ時に励ましてあげられるような、あるいは勇気を与えられるような声がけもしていく必要があります。

そこで本書には、長いコーチング生活の中で私が培ってきた「子供のやる気を引き出す」ためのノウハウと、最近新たに学んだ「子供を励まし、勇気づけるための話術」を詰め込みました。

「子供にどんなスポーツをさせたらいいのか?」

「スポーツを始めたけど、イマイチやる気が感じられない」

「子供が思ったほど実力が伸びず、やる気を失いそうになっている。どうしたらいいのか？」

そういったことでお悩みのお父さん、お母さんも多いことでしょう。

野球だけでなく、あらゆるスポーツに通じる最新のノウハウを本書に記しましたので、ぜひ世のスポーツ少年少女のお父さん、お母さんの参考にしていただきたいと思います。

励ます技術

目次

第1章 やる気に火をつける「ペップトーク」とは？

第2章
その子に合う競技と効果的な声がけとは？

第３章　しなやかで強い身体を作り出す方法とは？

終章

子供の能力を最大限に引き出す方法とは？

序章

子供のやる気を上手に引き出す技術とは？

子供のやる気を育むには？

「やる気」を持っている人と持っていない人の違い。

それは「なりたい自分」があるかどうかだと思います。

もし、親が子供のやる気を引き出そうと考えているのであれば、まずは「子供が思う〝なりたい自分〟を構築していくためのお手伝い」から始めればいいでしょう。子供に「なりたい自分」をイメージしてもらうためには、いろんなことを経験させ、その中から「何が自分に合っているか」「自分は何をするのが好きか」を見つけることが先決です。

そうやっていろいろと経験する中で、子供が「なりたい自分はこうだ」と意思表示を始めたのであれば（たとえば「プロ野球選手になりたい！」とか「Jリーガーになりたい！」など）、親はそのサポートをしていくために「いかに子供のやる気を引き出していくか」「そのやる気を持続させていくか」を考え、そのお手伝いをしていけばいいと思います。

「なりたい自分」を子供に持たせることができれば、やる気はそこから自然に育まれていくはずです。

また、子供のやる気を育む上で何よりも大切なのは、まず親がやる気を見せることです。やる気のない親からやる気のある子供は育ちません。

肥満傾向にある子供の家庭を調べると、その親も肥満気味であることが非常に多いです。しかし、肥満は〝遺伝〟しません。

ではなぜ、親子で太っているパターンが多いのでしょうか？

それは、親子で「食生活が同じだから」です。

同じ家で暮らしていれば食生活も同じ。親が太っているということは、その家では普段から「太ってしまうような食生活をしている」ということです。子供は大人とほぼ同じものを食べているのですから、親も子も太ってしまって当然なのです。

こういった状況にならないようにするためには「親がまずは日常の生活をしっかりと送る」ことを意識していくことが大切です。

親が自分のやりたいことを追求し、やる気を持って生きていれば、それを見ている子供も自然にやる気を理解してきます。子供にやる気を持たせたいのであれば、まずは親がやる気を持って毎日の生活を送っていくべきなのです。

やる気を無理に引き出さず、自然に引き出すには？

子供のやる気を引き出そうと無理強《じ》いしたり、プレッシャーをかけ続けたりすると、子供は徐々にやる気を失い、それまで好きだったスポーツから気持ちが離れていってしまうことになります。

子供のやる気を引き出すのが上手な親は、子供に無理強いするようなことは絶対にしません。そういう親御さんは、子供のやる気をごく自然に引き出すようなことを日頃から続けています。

メジャーリーグで長く活躍を続け、今でもたくさんの子供たちから愛されるイチロー選手（現シアトル・マリナーズ）も、お父さん（一時期〝チチロー〟としてメディアにもたびたび登場していましたね）から上手にそのやる気を引き出されていたようです。

イチロー選手のお父さんは、普段から息子のやる気を引き出すために無理に練習をさせたり、あるいはプレッシャーを与える声がけをしたりすることはなかったそうです。

では、お父さんはどうやってイチロー選手のやる気を引き出したのか？

お父さんが息子のために続けていたのは、プロ野球や高校野球の試合にイチロー選手を連れていくことでした。

イチロー選手は、頻繁にプロ野球など上のレベルの試合を生で観戦することで、野球の魅力に気づき、そこに引き込まれていきました。そして、グラウンドでプレーするプロ野球選手たちのダイナミックかつ華麗なプレーを実際に見て、自然と「自分もああなりたい」と思うようになっていったのです。

イチロー選手のお父さんがそうであったように、子供が「あんな風になりたい！」と強く心から思うような方向へと導いてあげることが、親として一番大切なんだと思います。

手前味噌ですが、私も息子に似たようなことを行いました。

小学生の頃から息子を神宮球場に何度も連れていって早慶戦を観戦し、なぜ早慶戦が大勢の人を魅了するのかを伝え『ラストゲーム～最後の早慶戦』という映画のＤＶＤも見せました。

すると、息子の中にいつしか「六大学野球で早慶戦に出たい」という気持ちが芽生えてきました。その「なりたい自分」を目指して、息子は野球と勉強両方の努力を自然に始めるようになり、その結果、見事に早稲田大学の野球部に入ることとなったのです。

新人戦でサヨナラヒットを打った時の息子のコメントが、翌日のスポーツ新聞に掲載されていました。

『小学生の時に父と早慶戦を見てから神宮でプレーするのが夢だったので、特別な気持ちです』

私はこの記事を見て、親としてうれしいのはもちろんでしたが「なりたい自分」を持つことの大切さを改めて再認識したのです。

大きな目標の前に小さな目標を置く重要性
――ドイツに学ぶ

ドイツでは、サッカーと同じようにハンドボールでもプロリーグが存在し、子供たちに人気のスポーツとなっています。ドイツのハンドボール界はサッカー界と同様に育成環境がとてもよく整っており、ナショナルチームを目指すための下部組織（小学生から大学生まで）もしっかりとシステム化されています。

小学生から大学生まで、年齢に合わせて異なるコートで練習をしますが、小学校低学年の横に高学年、その横に中学生、その横に高校生と、近い年齢ごとに練習コートが隣接して配置されています。そして、自分より年上の人たちの練習を見ながら休憩が取れるよう、それぞれ隣接するコートの休憩時間がうまくずらさ

れています。

そういったシステムがあるため、選手たちはいつも間近で先輩たちの練習を見ることになり「自分もああいうプレーをしてみたい」とリアルに感じることができるようになるわけです。さらに、それぞれのカテゴリーの選手たちは、ナショナルチームの試合も定期的に観戦に行けるので「僕もいつかはナショナルチームに入って活躍したい」という大きな夢、目標も抱くことができるのです。

このドイツのハンドボールのように、大きな夢、目標を達成させるためには、その前に「小さな目標」をいくつも掲げることが重要です。

達成感のある目標を作るには、まずは一週間単位で目標を作っていくといいと思います。

たとえば「毎日3キロ走ることを一週間続ける」「毎日素振り100回を一週間続ける」といった具合です。そしてその目標を達成できたら、お子さんを思いっきりほめてあげましょう。そしてまた「次の目標は?」と、新たな目標を立てるといいと思います。

とあるマラソンランナーは、終盤に身体がきつくなってくると「次の電柱まで」と思いながら走り、その電柱を通り過ぎたらまた「次の電柱まで」と目標を変えて走るそうです。

「千里の道も一歩から」ということわざもあります。

大きな夢、目標も、まずは目の前の一歩を踏み出さなければ何も始まりません。

長い道のりを飽きずに、かつ充実させていくためには「小さな目標」を立て続け「小さな達成感」を得ながら進んでいくことが肝心なのです。

「なりたい自分」をイメージすることが大切

〝自動目的達成装置〟と呼ばれる、イメージトレーニング方法があります。

これは寝る前に「なりたい自分」をイメージすると、翌朝から「なりたい自分」を目指すための努力が自然に始まるというもので、さまざまな実験などでそれは実証されていますし、私もその成果を実際に感じる体験をいくつもしてきました。

その体験のうち、とくに印象に残っていることをお話ししましょう。

私はかつて、名古屋に本拠地を置く社会人野球チーム「東邦ガス」のコーチを務めていました。私がコーチに就任した際、東邦ガスは半世紀以上も全国大会

（都市対抗）から遠ざかっていました。いってみれば〝弱小〟の社会人野球チームでした。

私はコーチに就任した時、選手たちにこうお願いしました。

「みんなにひとつだけお願いがあります。今日から寝る時に、必ず都市対抗出場の決定戦で活躍する自分を想像しながら寝てください。それも〝より具体的〟に。どういう風に活躍して、どのように勝って、最後に整列して終わるシーンまで、細かければ細かいほどいい。自分が活躍して勝って、都市対抗出場を決めるシーンを想像しながら寝てください」

すると、コーチ就任から一年後、東邦ガスは都市対抗出場を約60年ぶりに決めました。もちろん、寝る前に勝つシーンを想像したからという理由だけで、東邦ガスが都市対抗に進出できたわけではありません。

ただ、寝る前に「なりたい自分」を想像するようになったことが、その一助となったことは疑う余地のないところです。

この〝自動目的達成装置〟に関しては、次の第1章でさらに詳しくご紹介しますので、ぜひお子さんにも試していただきたいと思います。

ゴールデンエイジはいろんなスポーツを経験させる

子供には、いろんな動きを身体が最も吸収できるゴールデンエイジ（7～10歳前後）と呼ばれる期間があります。

このゴールデンエイジの期間に、どれだけいろんな動きやスポーツを体験したかが、その後その子供の運動神経に大きく関わってくるのですが、その期間に一体どのようなトレーニングをさせればよいのか、わからない親御さんもきっと多いと思います。

小学校低学年のうちは、トレーニング内容にそれほどこだわる必要はありません。肝心なのは「遊びながら身体を動かす」ことです。お父さん、お母さんと一緒にボールを蹴る、オモチャのバットでやわらかいボールを打つ。あるいは芝生の広場で転がって遊んだり、布団で前転してみたり、なんでも構いません。とにかく「遊び感覚」がキーワードです。

自分が頭で思い描いた通りの動きを、実際に身体で表現することを〝巧緻性《こうちせい》〟と呼びます。この巧緻性が最も磨かれるのがゴールデンエイジです。小学校の高学年になったら、この巧緻性を磨くためにいろんなスポーツを体験するのがいいと思います。

私は子供が3人いますが、ゴールデンエイジの期間にいろんな動きを体験してほしかったので、幼児期から器械体操と水泳をやらせていました。

息子は小学3年生になってから学童野球も始め、その結果、大学まで野球を続けてくれました。大学は早稲田でしたが、4年生の時にはクリーンアップを務めるまでに成長してくれました。

みなさんもお子さんには「遊び感覚」で、いろんなスポーツを体験させてあげるようにしてください。

勝利より「楽しくプレーする」ことを優先

「はじめに」でもちょっと触れましたが、私は小学生のスポーツは「勝利」よりも「楽しさ」を優先させるべきだと思っています。

「勝利」という結果だけを求めるのではなく、まずはそのスポーツのプロセスを子供にとことん楽しんでもらい「頑張ったね」とほめてあげてください。そして、その後に結果として「勝利」がついてきたら「よかったね」と一緒に喜んであげればいいのです。

私の息子が「野球をやりたい」と言った小学生の時、私は息子と一緒に地域のいくつかの学童野球チームを見学しました。

その時、私は「チームの強さ」より「いかに楽しく野球をしているか」に注目して各チームを見て回りました。ただ、私が「このチームにしなさい」と強制はしたくなかったので、最終的な選択は息子自身にさせました。

幸いにも、私が「いいな」と思っていたチームと、息子が選択したチームは同じでした。その後息子はそのチームに入部し、野球の楽しさを知り、結果的に大学まで野球を続けてくれたのですから、私と息子の野球チーム選びは間違っていなかったのだと思います。

日本には古くから「武道」というものが存在し、現代でもいろんなスポーツの中にその「武道」の精神が息づいています。

「礼に始まり、礼に終わる」

「相手を思いやり、感謝する」

武道の根底にあるそういった考え方はとても素晴らしいものですが、そこに〝○○道〟の考え方が入ってくると「練習中に笑うな」とか「厳しい指導が当たり前」となり、場合によっては体罰も容認されるようになってしまいます。

最近では、日本にあったそんな悪しき風習を見直し「まずは楽しさを教えよう」「勝利は二の次」という考え方のスポーツクラブも増えてきています。こういった流れは、これからもどんどん広げていかなければなりません。

「スポーツは楽しむもの」だと思い出させてくれたアメリカの少年たち

私は中学3年生の時、ボーイズリーグのオールジャパンに選ばれ、アメリカに約三週間、野球留学をしました。そこでアメリカの野球や野球少年たちと出会い、大変な衝撃を受けました。

なぜ、衝撃を受けたのか？

ひと言でいえば、アメリカの野球少年たちは野球を楽しんでいました。

彼らは、心底楽しそうにプレーしていたのです。

一方、当時の日本の少年野球界はまさに〝野球道〟そのもので、練習中に笑うなどもってのほか。練習中に水分補給をすることすら許されず、三振やエラーなどしようものなら指導者から罵声を浴びせられるのが当たり前でした。

でも、アメリカの野球は違いました。

ベンチ内に氷水の入った大きなバケツが置かれ、その中にコーラやジュースがたくさん入っています。選手たちは好きな時にそれを飲み、ベンチでもグラウンドでも常に笑顔。三振しても「グッドスイング！」とコーチからほめられることはあっても、日本のように怒られることは絶対にありません。

私たち日本人選手は、アメリカ人選手の家にそれぞれホームステイしていたのですが、練習や試合が終わって家に帰っても、アメリカの少年たちは「リュウジ、キャッチボールしようぜ」と私を誘ってきます。私は内心「一日中野球したんだから、もうゆっくり休もうよ」と思っていたのですが、アメリカの野球少年はちょっとでもヒマがあれば「野球しよう」なのです。

アメリカの野球少年たちを見ながら、私は自分が野球を始めたばかりの小学生時代を思い出していました。学校から帰宅すると、部屋にも上がらず玄関でランドセルを放り投げ、グローブとバットとボールを手に取り、近所の空き地へ。そこで私は友達と一緒に、それぞれが大好きなプロ野球選手になりきり、日が暮れるまで野球を楽しんでいました。

しかし野球チームに入り、三振しては怒られ、エラーしては責められたりしているうちに、私の中から「野球を楽しむ」という感覚が次第に薄れていきました。そんな時に、私はアメリカの野球少年たちと出会い「あれ？　俺は野球を楽しんでないんじゃないか」と気づきました。そして「スポーツを楽しむ」ことの本質を思い出したのです。

目先の強さを求める日本のスポーツ教育を見直そう！

その野球留学の期間中、アメリカのチームと何度も試合をしましたが、正直、日本チームのほうが野球のレベルは上でした。

今考えればそれも当たり前だと思います。

なぜなら、アメリカは複数のスポーツを掛け持ちしながらやるのが文化として定着しており、春から夏は野球、秋はアメリカンフットボール、冬はバスケットボールなどの屋内スポーツといった具合に、一年を通じてさまざまなスポーツを経験できる環境にあります。

私たちは一年中、それこそ盆と正月以外は野球漬けの毎日でしたから、アメリカの少年たちより野球の細かい技術が上なのは当然なのです。

私はピッチャーでしたが、変化球を投げれば、アメリカの野球少年たちからは簡単に三振を取れました。でも、彼らのフルスイングはそれまで見たこともないような速さでしたし、たまにバットに当たった時の打球のえげつないくらいの速さと飛距離に、私は度肝を抜かれました。

日本のプロ野球とアメリカのメジャーリーグを比べた場合、やはり実力的に上なのはメジャーリーグでしょう。

中学レベルであれば日本のほうが実力は上なのに、なぜ逆転現象が起きてしまうのでしょうか？

ここに私は、これからの日本のスポーツ教育がやっていかなければならない答えが秘められているように感じます。アメリカのスポーツ教育は、目先の強さ、勝利を求めてはいません。これは日本が大いに見習わなければならない「スポーツへの取り組み方」なのではないでしょうか。

メジャーリーガーは、なぜプレッシャーを楽しめるのか?

中学3年生の時の野球留学で、日本とアメリカのスポーツに対する取り組み方の違いにカルチャーショックを受けた私ですが、その後、ニューヨーク・メッツでコーチをしている時にも同じような経験をしました。

1997年のシーズン終盤。メッツはプレーオフ進出をかけ、他のチームと激しく競い合っていました。

試合の続く一日一日、試合の一球一球に緊迫感がみなぎっていました。そんなある日、試合前のロッカールームで私は、グラウンドでプレーする選手でもないのに、なぜか緊張していました。でも、ロッカールームを見渡すと、誰ひとりとして私のように緊張している選手はいません。みな、いつものようにリラックスしておしゃべりしたり、試合前の準備をしたりしています。

私は、当時の主力選手だったトッド・ハンドリーというキャッチャーにこう聞きました。

「プレッシャーのかかる毎日が続いているのに、なんでみんな緊張しないんだ？」

トッドは「なんでそんなことを聞くんだ？」という不思議そうな表情をしながら私にこう言いました。

「俺たちは19時になったら子供に戻れるんだぜ。それなのになんで緊張しなくちゃいけないんだ？」

ここでもアメリカと日本のスポーツ文化や歴史の違いを感じ、私はショックを受けました。メジャーリーガーたちは、私が子供の頃に空き地で遊んでいた「野

俺たちは
19時になったら
子供に戻れるんだぜ
それなのになんで
緊張しなくちゃ
いけないんだ？
TACHIBANA
89
Mets
9

球って楽しい」という感覚そのままに、大人になってもプレーを続けていました。

一方の私はといえば中学、高校と野球を続けるうちに「ミスをしたら怒られる」「打席に立つのが嫌だな」「打球が飛んでこなければいいな」というネガティブな感情に支配されるようになり、気づけばプレッシャーのかかる場面で「失敗は許されない」と過度の緊張を感じる体質になってしまっていたのです。

子供に結果を求めてはいけない

幼い頃から「ミスの許されない環境」に育ってきた日本人の多くは、プレッシャーのかかる場面に出くわすと「失敗は許されない」「絶対に成功しなければ」と結果を求めるような考え方をします。

でも、トッドの考え方に代表されるように、アメリカ人はそういった場面では結果を求めずに「今の自分の全力を出し切る」ことだけを考えます。

たとえばサッカーで接戦となり、同点のままPK戦に突入したとします。このような緊迫した局面に置かれると、日本人の多くは「絶対にシュートを外せない」という風に考えます。

しかし、アメリカ人は「外せない」「~しない」といったネガティブな発想にはなりません。彼らは「自分はこのシュートを決めるために練習してきたんだ。だから、絶対に決めることができる。思いっきりボールを蹴るだけだ」と考えます。だからこそ子供時代と同じように、どんな局面になっても純粋に「プレーする楽しさ」を感じることができるのでしょう。

私たち大人は、子供に結果を求めてはいけません。子供は結果だけを求められるような環境に長い間置かれていると、緊張しやすい体質となり、ここぞという場面で「勝負弱い」人間になってしまいます。

とくに子供が小学生のうちは結果を求めず「キミが全力を出し切ればそれでいいんだよ」と、プロセスを楽しむように導いてあげるのが大人の使命なのだと思います。

キューバは「選手をやる気にさせる」先進国である

中南米に位置するキューバは、野球をはじめ、ボクシングや陸上、バレーボールなど、オリンピックで数多くのメダルを獲得してきたスポーツ大国です。

社会主義国なのに、なぜあそこまで優れた成績が残せるのか？

人口が約１１００万人と東京都の人口（約１３００万人）より少ないのに、なぜ世界レベルで活躍できる人材を次々と生み出しているのか？

私はスポーツ界に携わるひとりとして、キューバのスポーツ教育とその育成システムを知りたくなり、1995年に実際にキューバに飛び、そこでいろんなことを学びました。

キューバのスポーツ教育の現場を見て、私は「キューバはスポーツ先進国である」ということと、もうひとつ「選手をやる気にさせる指導法の先進国でもある」ということを肌で感じました。

キューバでは野球をはじめ、いろんなスポーツチームを見学しましたが、そこに〝強制〟はまったく存在しませんでした。見学したチームのひとつである少年野球チームは、小学校低学年くらいの選手たちが実に生き生きとグラウンドでプレーしていました。少年たちの目はみな、キラキラと輝いていました。なぜ少年たちがこれほど楽しそうにプレーしているのか、監督に聞いてみたところ、監督は私にこう教えてくれました。

「練習、練習と言っていたら、これくらいの年齢（7〜10歳）の選手たちはすぐに嫌になってしまうでしょう。だから私たちはまず『野球は遊びである』ことを選手たちに知ってもらうんです。何をするにも遊び感覚。最初はそれが肝心なんです」

「そのスポーツが好き」がすべての原動力！

私は、キューバのスポーツチームをいくつか見て回り「選手をやる気にさせる指導法」が実に進んでいることを知りました。そして、日本はスポーツ先進国かもしれないが「選手をやる気にさせる指導法」はとても遅れていることを痛感しました。

ひと昔前、世界的な野球プレーヤーとして知られ〝キューバの至宝〟とも称されたオマール・リナレスという選手がいました（2002～2004年には中日ドラゴンズでもプレー）。

実は彼は、幼少期から野球を専門にプレーしていたわけではありません。11歳まではいろんなスポーツを経験していて、学校では「オリンピック陸上短距離でのメダルが確実」視されるような俊足ランナーでした。

ところが、リナレスは「やっぱり、野球がやりたい」と思うようになり、学校もそれを認め、彼は念願の野球選手として生きていくことができるようになりました。そしてその後、15歳という異例の若さで国内リーグのデビューを飾り、17歳でキューバ代表入りを果たしました。以降も成長を重ねたリナレスは、キューバ代表の主軸として世界選手権4連覇やオリンピック連覇に貢献。「世界最強のバッター」といわれるまでのプレーヤーになったのです。

「そのスポーツが好き」という気持ちがすべての原動力となり、遊び感覚で取り組むことでさらに好きになり、大人になった時に大きな飛躍を遂げる。スポーツ大国のキューバは、私に「選手をやる気にさせる指導法」の大切さを教えてくれました。

さて、それでは「子供たちをやる気にさせる」ために、親はどんな言葉で子供を励ましたり、勇気づけたりしてあげればいいのでしょうか?

相手を励ます、勇気づけるトークをアメリカでは「ペップトーク」というのですが、その最新ペップトーク技術に関して、次の章で詳しくご説明いたします。

第1章

やる気に火をつける「ペップトーク」とは？

ジョセフ・マーフィー『成功の哲学』から〝成功の科学〟へ

世界中でベストセラーになった、ジョセフ・マーフィー博士の『成功の哲学』という著作があります。これはマーフィー博士が「成功者たちはどういった哲学を持っているか」を紹介した本です。そのうちのいくつかを、ちょっとご紹介しましょう。

「自信とは、自分の能力や技量で物事が達成できるかの見通しのことです。そして見通しを立てるのは想像力です。
自信のない人に共通しているのは、想像力に乏しいことです」

「自信のない人に共通しているのは、単に消極的思考ばかりではありません。行動しないことが最大の欠点となっているのです」

「人間の心は放っておくと、九割は否定的方向に傾いてしまいます。だから常に肯定的思考を身につけなければなりません」

「幸福な人生を歩んでいる人は、言葉の使い方を知っています。言葉は選んで使いなさい。言葉の選択ひとつで、人生は明るくも暗くもなるのです」

「なんでもいいから、『私は~である』と強くイメージしましょう。そうすればそれが現実となります」

『成功の哲学』からいくつか抜粋してご紹介しましたが、これらの哲学は成功者たちの人生経験から生み出された人生観であって、そこには科学的観点から見た要素が入っていませんでした。しかし近年、脳科学が発達したことによって、以前は科学的根拠に乏しい内容とされていた『成功の哲学』が、科学的に証明されるようになってきたのです。

成功者になるためのカギ、それが「ペップトーク」

なぜ、成功者は成功者となったのか？

ただやみくもに頑張れば、誰もが成功者になれるというわけではありません。

「成功者たちが幼少期からどのように過ごしてきたのか？」を知れば、きっとそこに何かしらの共通点が見出せるはずです。そして、その科学的根拠を知るには、まず人間の脳の仕組みを理解する必要があります。

人間の脳は、二足歩行となってから一気に進化しました。手が使えるようになったことで道具を作り、火を起こし、狩りをするようになり、動物性たんぱく質を大量に摂取するようになって、脳がどんどんと進化していったのです。

動物が本来持っている脳は〝本能〟と呼ばれるもので、これは言ってみれば「古い脳」に司られています。そして人類は、その「古い脳」に「新しい脳」（大脳皮質）を加えていくことで〝想像力（イメージ）〟や〝言語〟を生み出し、何か行動を起こす時などに〝思考〟するようになっていきました。

高いレベルの想像力や言語。人間の脳だけが獲得したこの利点を生かすことで、私たちは「自分の中に眠っている力」を引き出し、成功者になることができるのです。

これは一部の人だけが持つことのできる、限られた力では決してありません。想像力と言語を上手に使えば、誰もが成功者になれます。そして、そのカギを握るものこそ、本章でご紹介する「ペップトーク」なのです。

それでは、子供たちを成功者へと導いてくれるペップトークとは何なのか、それをわかりやすくご説明していきたいと思います。

言葉の力
――アメリカのペップトークを知ろう！

人類が獲得した想像力と言語。子供のやる気を引き出すには、大人がこの想像力と言語をうまく使い、子供を鼓舞していくことが重要です。

「鼓舞する」とは「大いに励まし、気持ちを奮い立たせること、勢いづけること」を意味します。そしてこの、相手を「鼓舞する」言葉は個人にも、あるいはチーム全体にとっても非常に重要なものです。

アメリカでは、チームに対して鼓舞する言葉を「Pump up the team.（チームに空気を入れるぞ、勇気づけるぞ）や「Pep up the team.（チームを活気づけるぞ、元気づけるぞ）」といい、スポーツシーンのみならず、普段の生活の中でもよく使われています。

たとえば団体競技の試合前、円陣を組んでいるチームの中心でキャプテンが「ウィー・アー（we are）」と言ったら、まわりのチームメイトが「ナンバー1！」と叫んで盛り上がる。こういった決め事のような言い回しも「Pump up the team.」であり「Pep up the team.」なのです。みなさんもアメリカのスポーツ映画などで、そういったシーンをきっと何度も目にしているはずです。

さらに、詳しくはこの後ご説明しますが、個人が自らやる気を引き出し、夢を実現させていくことを「affirmation（アファメーション・肯定、断言、確言、誓願）」といい、これは自分自身に対する肯定的な〝宣言〟を意味します。成功者となるためには、この「アファメーション」も重要なポイントのひとつです。

この章では、チームはもちろん、個人に対する声がけに使える「子供のやる気を引き出すトーク」について解説していきたいと思います。

潜在意識を実現化させる〝自動目的達成装置〟とは？

人間の心の奥深くに眠る、自覚されることのない、考え方や行動に影響を与える意識が「潜在意識」と呼ばれるものです。

私たちの意識は図のように3階層に分かれており、表面化していて「知ってい

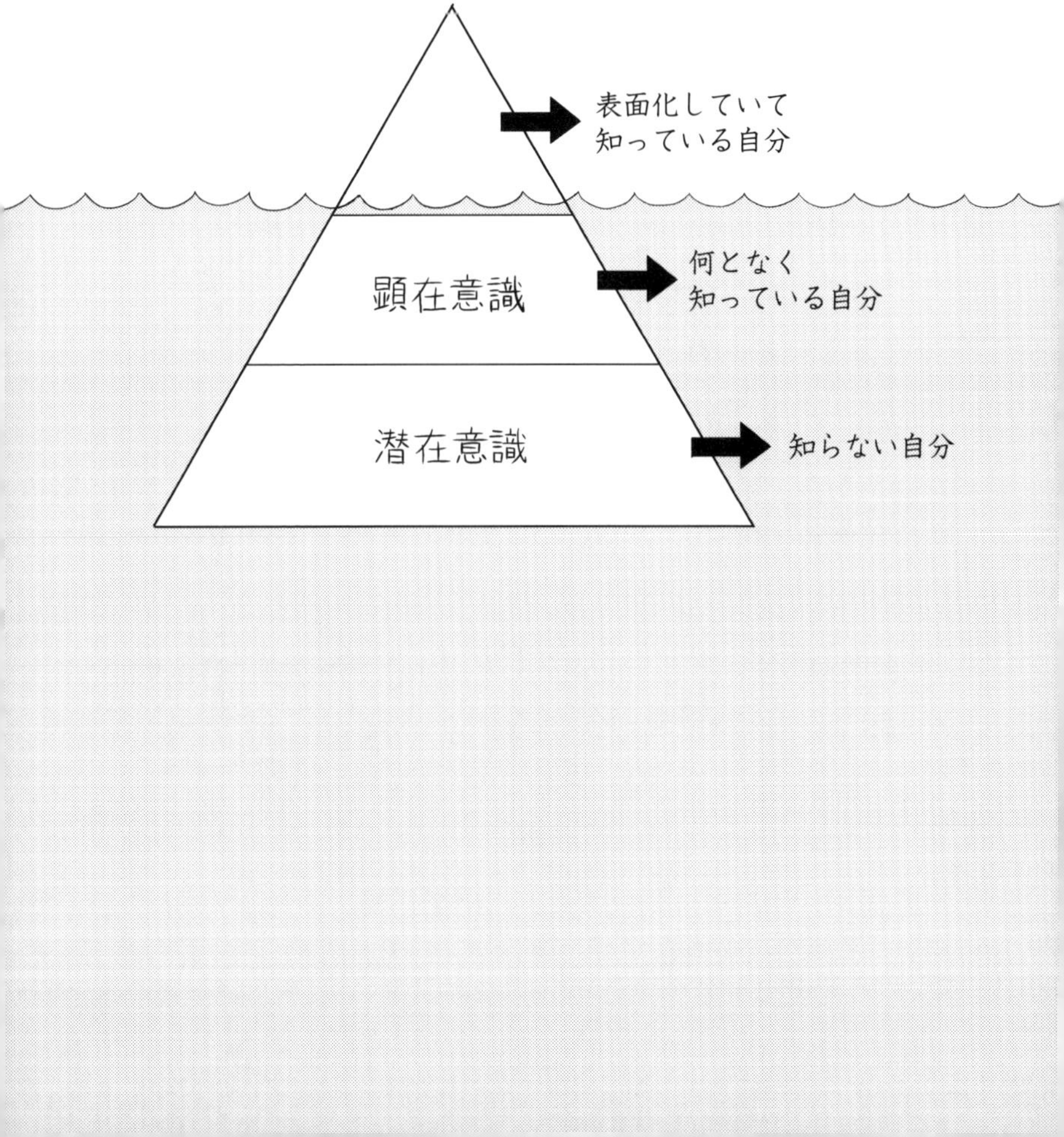
表面化していて
知っている自分
顕在意識
何となく
知っている自分
潜在意識
知らない自分

る自分」の下に「顕在意識（何となく知っている自分）」があり、その下に「潜在意識（知らない自分）」があります。成功者たちは、この最下層に眠る「潜在意識」を浮かび上がらせることによって、それぞれが成功を手にしています。

では、どうすれば潜在意識を呼び覚ますことができるのでしょうか？

そのためには「成功イメージ」を「作成」→「持続」→「（脳に）定着」させることが大切です。

まず「なりたい自分」を、できる限り具体的かつ詳細にイメージします。これを何度も繰り返すことで脳にイメージが焼きつき「なりたい自分」が脳に住みつくようになります。

そうすると、無意識に「成功するための努力」が始まるようになります。これを〝自動目的達成装置〟といいます。この自動目的達成装置は、歯を食いしばって必死になる努力とは違い「なりたい自分」に近づくために自然と頑張る努力といってもいいでしょう。

では、具体的にその方法をご紹介していきます。

イチローも本田圭佑も「なりたい自分」を持っていた！

脳に「なりたい自分」のイメージを定着させる方法のひとつに「アファメーション」と呼ばれるものがあることは先ほどお話ししましたが、これは次のような自分自身に対する肯定的な〝宣言〟のことを表しています。


「私は～になる！」

「私は～ができる！」

「私は～である！」

「私はもっとよくなる！」

と自ら宣言していくわけです。

これを毎日続けていくことで、脳にそのイメージが定着します。この時、頭にイメージするのは「～したい」とか「～になりたい」というような願望ではダメです。「～になる！」と断定することではじめてその効果が発揮されます。

野球界で活躍するイチロー選手、サッカー界で活躍する本田圭佑選手も、幼い頃からこのアファメーションを知らず知らずのうちに行っていたようです。それは、彼らの小学生時代の卒業文集を見るとよくわかります。

まず、イチロー選手の文集を紹介しましょう。

「ぼくの夢は、一流のプロ野球選手になることです。〈中略〉3年生の時から今までは、365日中、360日は、はげしい練習をやっています。〈中略〉そんなに練習をやっているんだから、必ずプロ野球の選手になれると思います」

イチロー選手はアファメーションとともに「プロ野球選手になるには、このくらいの練習をしなければならない」と逆算して、練習にも取り組んでいたことがこの文章からよくわかります。

次に本田選手の文集です。

「ぼくは大人になったら、世界一のサッカー選手になりたいというよりなる。世界一になるには、世界一練習しないとダメだ。だから、今、ぼくはガンバっている〈後略〉」

これこそまさにアファメーションです。小学生の段階で「世界一になる」と言い切り、イチロー選手と同様に小学生の段階で練習の重要性にもしっかりと気づいています。

ここで紹介したふたりは類まれな才能を発揮し、それぞれの世界で超一流となりましたが、夢を実現させるためにアファメーションがいかに大切かを、ふたりの文集はよく表しているといえます。

寝る前に「なりたい自分」を想像しよう！

また、脳にイメージを定着させることには、睡眠も大きく関与しています。諸説ありますが、人はノンレム睡眠（深い眠り。脳は休止状態）を約90分、その後にレム睡眠（夢を見るような浅い眠り。脳が活性化）を約20分、この流れを大体一晩に約3回繰り返すといわれています。

この「レム睡眠」時に古い記憶を整理したり、物事の優先順位を決めたりしていて、その優先順位の上位に「なりたい自分」を持ってくるには、とにかくアファメーションを毎日続けることが大事なのです。

「なりたい自分」を何回も言葉にし、具体的にイメージします。たとえば、何かのスポーツ大会で優勝したいのであれば、決勝戦で勝った自分の姿を想像します。それもできるだけ具体的なイメージがいいので、決勝戦で自分がどのように活躍して勝つのか。さらには閉会式で表彰されている自分の姿まで、しっかりイメージすることが大切です。

このように「なりたい自分」を具体的にイメージすることを、毎日寝る前にしつこいくらい繰り返すことで成功するためのイメージが定着し、朝起きた瞬間に身体も「成功するため」に自然と動く（努力する）ようになっていきます。

イメージするのは寝る前が一番効果的です。多くの成功者がその自動目的達成装置のシステムに則って成功を手にしてきました。また、試合直前に「私は～というプレーをする」「私には～ができる」と数回唱えるだけでも効果があります。とにかく「イメージを言葉にする」ことが重要です。早速今夜から、アファメーションを試すよう、お子さんに説明してみてはいかがでしょうか。

アメリカから始まった
ペップトーク

日本ではあまりなじみのなかったペップトークですが、2017年にアイドルグループ『嵐』の櫻井翔君がテレビドラマの中で紹介したことで、知られるようになってきました。

アメリカでは昔から、指導者が選手たちを「やる気にさせる」ためにペップトークの真髄ともいえる「励ます技術」が用いられてきました。それがなかなか世間で知られるようにならなかったのは、ペップトークが選手たちの控え室であるロッカールームという閉ざされた空間で行われてきたからです。

しかし近年、劇的勝利を飾ったアイスホッケーチームの話が映画化などされるようになって、徐々にペップトークが世間に知られるようになってきました。心に火をつける励ます技術、ペップトークは、アメリカではすでに確立されていて、その技術を紹介しているサイトも多数存在しています（スポーツやビジネスなどいろんな分野で）。

ここで、最も有名な「ペップトーク」をご紹介しましょう。

１９８０年、アメリカで開催されたレークプラシッド冬季オリンピック。そのアイスホッケーの試合で奇跡は起きました。

当時の世界のアイスホッケーは、旧ソビエト代表チームがオリンピック３連覇を成し遂げ、この大会でも金メダルの最有力候補でした。

一方のアメリカは１９６０年以来、ソビエトに勝ったことのない弱小チームでした。アマチュア学生の寄せ集めで作られたアメリカ代表には、ほとんど勝ち目はないと思われていたのです。

しかし、そのアメリカ代表が地の利を生かし、グループリーグで快進撃を続けて決勝ラウンドに進出しました。そこで無敵のソビエト代表と対戦することになるのですが、なんとアメリカはソビエトを撃破し、その後見事に金メダルを獲得するのです。

この奇跡の勝利は〝氷上の奇跡〟と呼ばれ、後の2004年に『ミラクル』というタイトルで映画化されました（日本でもＤＶＤで見ることができます）。そしてこのソビエト戦のロッカールームで、アメリカ代表のヘッドコーチが選手たちに投げかけた言葉こそ、ペップトークの元祖としてアメリカ人によく知られるトークなのです。

アメリカ代表選手の心に火をつけたペップトーク

ではアメリカ代表のヘッドコーチが、どんなペップトークを選手たちに話したのか、ご紹介しましょう。みなさんも、ロッカールームにいる選手になった気分で読んでみてください。

偉大な瞬間は偉大なチャンスから生まれる。
お前たちのチャンスは今夜だ。
それをその手でつかみ取ったんだ。
1試合だ。
10回戦えばソビエトが9回勝つだろう。
でも、今日のこの1試合は違う。
今夜は敵と肩を並べとことん食らいついていく。
そして完全に封じ込めるんだ。
必ずできる！

今夜は俺たちが世界で最も偉大なチームだ。
お前たちはホッケーをやるために生まれてきた。
今夜、お前たちがここに来たのは運命だ。
その時が来た！
ソビエトの時代は終わった！
もういいだろう。いい加減、聞き飽きた。
どこへ行っても「ソビエトはすごい」という話ばかり聞かされ続けた。
でも、もう古い！
時代はお前たちのものだ！
さあ、必ず奪い取ってこい！

どうですか？
気持ちが高まり「よし、やってやる！」という気分になってきませんか？

実際にアメリカの選手たちは、この試合で歴史的な大勝利を収めました。ペップトークには、人間の中に眠っている潜在能力を引き出す作用があるのです。

このペップトーク内の「ホッケー」をお子さんがやっているスポーツに置き換え「ソビエト」はまわりの強豪のチーム名に置き換えて、お子さんに言ってみてください。きっとその気になってくると思います。

これは余談ですが、2010年4月4日のレッドソックス本拠地開幕戦前に、5歳の少年が『ミラクル』のペップトークを真似て、選手たちに激励スピーチを行いました。当時レッドソックスに在籍していた松坂大輔投手（現中日ドラゴンズ）も、ベンチ内で爆笑しながらこのスピーチを楽しんでいました。アメリカでは、それほどこのペップトークは有名なものなのです。

時代は
お前たちのものだ！
さあ　必ず
奪い取ってこい！

アメリカと日本の文化の違い

アメリカの映画を日本で見る場合、和訳が画面のはじに表示されていますが、あの和訳も実はアメリカのペップトークの真意を汲み取り、きちんとその意味を反映しているかといえば決してそうとはいえません。

映画『ミラクル』のヘッドコーチによるペップトークでも、実際の英語のセリフでは「10回戦えばソビエトが9回勝つだろう」と言っていたのに、日本語の字幕では「10回戦えばうちが9回負けるだろう」になっていました。

アメリカのペップトークでは否定的な言葉、悲観するような言葉は絶対に使いません。どんな時でも前向きに、プラス思考で、ポジティブな言葉を発します。

しかし、私たちの生まれた日本には「謙虚さ」や「恥の文化」があるため、どうしても否定的な言葉やネガティブな言葉が会話に入ってきがちです。

たとえば日本の野球界では、指導者がバッターに対し「高めのボールには手を出すな！」という言葉をよく発しますが、アメリカだったら指導者は「低めの球を積極的に打っていこう！」と言います。

そんな文化の違いもあって『ミラクル』での字幕のような和訳となってしまうのでしょうが、アメリカのペップトークを映画などから学ぶ場合は、字幕だけでなく、実際に英語でなんと言っているのかを理解することも大切です。

ちなみに『ミラクル』ではその他にも「ホームゲームだから絶対に勝とう！」という部分が「ホームゲームだから絶対に負けられない！」という和訳になっていたりもしました。他の有名な映画でも「ホームだから負けられない」と訳されていましたが、アメリカでは「ホームだから勝とう」です。やっぱり日本人は、どうしてもネガティブに解釈してしまうんですね。

日本人特有のネガティブさから脱し、成功をつかもう！

「失敗」という言葉をネットで画像検索してみてください。すると頭を抱え、うつむいた写真ばかりが出てきます。

日本人は落ち込んでいる人を鼓舞する時「うつむくな！」と言います。これは「～するな」ですから、ネガティブな表現です。でも、アメリカでは「Heads up.（頭を上げろ）」とポジティブな言い回しを使います。これも日本と欧米文化の違いを表していますよね。

他にも、たとえばある会社に顧客からクレームがきたとします。日本だと上司が「なんでクレームがくるんだ。お前らがちゃんと仕事をしていないからだ」と部下を怒ります。

ところが、アメリカのペップトークを実践している一流企業だと、ちょっと違ってきます。アメリカではクレームがきたとすると、上司が「そうか、これでもっとよりよいサービスをお客様に提供できるな」と部下に言うのです。

日本人はどうしてもネガティブに捉え、ネガティブに伝えてしまうところがあります。リスクマネジメントも厳しいため、どうしてもこのような言い方になってしまうのでしょう。

こういった大人の考え方の違いは、子供たちの思考にも反映されています。アメリカの子供は「どうすればほめられるか」を考えますが、日本の子供は「どうすれば怒られないか」と考えます。

アメリカと日本ではこれほどまでに文化の違い、教育の違いがありますから、私たち日本人が正しいペップトークを実践していこうと思っても、なかなか一筋縄ではいかないと思います。しかし、そこであきらめてしまっては、いつまで経っても「根性、根性」と言っているような、昔ながらの指導になってしまいます。ポジティブに物事を捉え、子供たちを鼓舞し、やる気を引き出していく。それは確かに大変な作業ですが、私たち大人は今こそ、ペップトークを実践していかなければならないのです。

ペップトークの「5つのルール」

ペップトークをする上で、5つの大切な要素があります。ここではそのルールをご説明します。

❶ポジティブな言葉を使う

「〜するな」ではなく「〜していこう」という表現をしましょう。

日本人は「してほしくないこと」を子供に伝える傾向が強く、そういった思考が文化として定着し、習慣となってしまっています。そこには、かわいいわが子の最悪の事態を避けたいという親心があるのもわかります。

たとえば、日本では親が子に「道路に飛び出すなよ」と言ってしまいがちですが、ペップトークでは「道路は左右を見てから渡ろう」という言い方をします。普段から「してほしくないこと」を伝えるのではなく「してほしいこと」を伝えるようにし、それをうまく言葉に変換できるよう訓練していくことが大切です。

❷短い言葉を使う

伝えたいことのポイントを絞って、できるだけ短く。これがペップトークの鉄則です。

❸ わかりやすい言葉を使う

試合前や試合中にダラダラと話をしたところで、選手たちをやる気にさせたり、励ましたりすることは絶対にできません。とくに子供に対しては「短く、わかりやすく」が重要となります。

❹ 相手が一番言ってほしい言葉を使う

相手のやる気に火をつける場合「自分の言いたいことを言うのではなく、相手の言ってほしいことを言う」ことが重要なポイントになってきます。相手の一番言ってほしいことを、相手の立場や精神状態になりきって「相手に寄り添った言葉」を考えるのです。日本の親や指導者は「自分の言いたいことを言う」傾向が強いので、「相手に寄り添った言葉」をいえるように修正することが必要です。

❺本気の関わりを持つ

いい加減に付き合っているような関係の中では信頼は生まれませんし、そのような関係性では相手に何を言っても真意は伝わりません。つまり子供たちを励まし、やる気にさせる、心に火をつけたいのであれば、親や指導者は普段から本気の関わりを持っていかないといけません。

以上、５つのルールを踏まえて、先ほど紹介したＰ67のヘッドコーチのペップトークをもう一度読んでみてください。❶～❺の項目をすべて満たしているのがわかるはずです。

ペップトークが〝プッペ〟トークにならないように気をつけよう！

ペップトークとは、ポジティブかつ短くてわかりやすい言葉を使い、人をやる気にさせる声がけのことです。

その逆は〝ペップ〟ならぬ〝プッペ〟トークです。〝プッペ〟は英語ではなく、日本人が〝ペップ〟を逆さまにしてつくった造語です。プッペトークとは、要するにネガティブな言葉を並べて、人のやる気をなくさせる説教や命令のことです。

ペップトークは、相手にやる気や勇気を与える明るいトーク。その逆のプッペトークは、相手からやる気を奪ってしまう残念な暗いトークということができるでしょう。

ネガティブな言葉が人にどのような影響を与えるのか、簡単にご説明しましょう。
まず、左の「ネガティブな口癖」を、声に出して順番に3回、繰り返し読んでみてください。

ネガティブな口癖（プッペな口癖）

✕

ダメだ　ムリだ　できない　イケてない　ツイてない
めんどくさい　だるい　つまらない　難しい

いかがでしょうか？
なんだか気分が暗くなってきたり、滅入ってきたりしませんか？
では続いて、左の「ポジティブな口癖」を同様に読んでみてください。

ポジティブな口癖（ペップな口癖）

◯

できる！　やってみよう！　すごい！

気分がいい！　ラッキー！　大丈夫！　挑戦しよう！

いいね！　まだまだいける！


今度はどうでしょう？

先ほどのネガティブな口癖とはまったく違って、明るく前向きな感覚になってきませんか？

いずれも簡単な〝言葉〟ですが、ネガティブなものとポジティブなものでは、これほどまでに心理的影響に大きな違いを及ぼします。だからこそ、私たち大人は子供を指導する時、言葉づかいには細心の注意を払わなければならないのです。

「してほしくない」声がけを「してほしい」に変換してみよう！

先ほどもお話ししたように、日本人は子供を指導する際「自分のしてほしくないこと」を表現するので、どうしても否定的な声がけをしてしまいがちです。

いってみれば、私たちはそんな声がけが〝習慣〟になってしまっていますから、これを直すのは簡単ではなく、毎日の生活の中で気にかけながら、少しずつ修正していくしか方法はありません。

私は現在、社会人野球チームのコンディショニング兼ベースボールサイエンスコーチを務めていますが、そこで選手たちに「してほしくない」声がけを「してほしい」に変換するためのトレーニングをしています。左のような「してほしくない」声がけリストを選手たちに渡し、空欄に「してほしい」に変換した言葉を記入してもらうのです。

①気を抜くな　↓

②空振りするな　↓

③後ろに下がるな　↓

④高めに手を出すな↓

私はこういった例文を30項目ほど用意して、選手たちに変換トレーニングをしてもらっています。ここに挙げた①～④を「してほしい」変換したのが左です。

①集中していこう

②ミートしていこう

③ **前に出ていこう**

④ **低めを振っていこう**

また、サッカーの指導者が選手に対して「シュートを外すな！」と怒鳴っているシーンもよく見かけますが、この「シュートを外すな」という言い方も「してほしくない」声がけの典型といえるでしょう。

この場合、上手に「してほしい」変換をするならば「ゴールの角を狙って思いっきりシュートしろ！」となります。

中には「シュートを決めろ！」という変換をした方もいるかもしれません。でも「シュートを決めろ！」は結果（成功）を求めている言い方なので、実力のない選手や消極的な選手には悪影響を及ぼしかねず、ペップトークとしてはあまりふさわしくない声のかけ方といえるでしょう。

「弱い組織（あるいは家庭）やよい人材が育たない組織は、してほしくないことを伝える」

「少し強い組織は、してほしいことを伝える」

「本当に強い組織は、同じ『してほしい』でも結果ではなく、そこに至るまでのプロセスや取るべき行動を伝える」

このように覚えておくといいでしょう。

「してほしい」変換する前に物事の「捉え方」から変えていく

私たち大人が「してほしい」変換するためのトレーニングを日常の中で繰り返していくには、まず物事の「捉え方」から変えていく必要があります。

たとえば相手に抱く印象のうち、ネガティブなものといえば「ケチ」「陰気くさい」「落ち着きがない」などいろいろとありますが、これらをポジティブに捉えれば「節約家」「物静か」「好奇心旺盛」となります。

こういったポジティブな捉え方ができるようになってきたら、次に私が社会人野球チームの選手たちに指導しているように「してほしい」変換のトレーニングをしていくのです。

たとえば、普段の生活で子供によく言ってしまう「してほしくない」声がけとしては「散らかすな」「道路に飛び出すな」「遅刻するな」などいろいろとありますが、これらを「してほしい」変換すると「整理整頓しよう」「道路は左右を見てから渡ろう」「5分前に着くようにしよう」となります。

プッペトーク

×

「ケチ」「陰気くさい」「落ち着きがない」「ちらかすな」
「道路に飛び出すな」「遅刻するな」

ペップトーク

○

「節約家」「物静か」「好奇心旺盛」「整理整頓しよう」
「道路は左右を見てから渡ろう」「5分前に着くようにしよう」

こうやって答えを文字で見ると「なんだ、そんなことか」と思うかもしれませんが、これを実際に生活の中で自然と使えるようにしていくのは簡単なことではありません。

まずは捉え方から気をつけるようにして「してほしくない」声がけを「してほしい」に変換していく。これを続けてみてください。

ペップトークをする上で最大のコツは「頭で思ったことをそのまま口にしない」ということです。「してほしくない」ことが頭に浮かんだら、まずは一旦そこで立ち止まってみてください。ペップトークを上手にするためには、そこがスタートラインとなります。

上手にペップトークをするための「4つのステップ」

ペップトークをする上では、次に挙げる4つのステップも大きなポイントとなります。

① 事実の受け入れ
② 捉え方の変換
③ してほしい変換
④ 背中のひと押し

大事な試合の前、監督が選手に送るペップトークを例に挙げてみましょう。

① 事実の受け入れ　**「今日は決勝戦。全国大会常連の○○チームと対戦できるなんて、みんなすごいじゃないか！」**

※対戦相手がとても強いチームなのに、自チームの選手たちが緊張しているからという理由で「大丈夫、大丈夫、相

手は大したことないから」とアドバイスをしても、それは事実ではないので意味はありません。相手チームが強豪の場合、その事実を受け入れ、それにひるむことなく闘争心をかき立てるような言葉を用いるのがよいでしょう。

②捉え方の変換

「この試合はお前たちの強さを証明するチャンスだ！」

※相手は強豪チームなので負ける可能性は高いかもしれませんが、その強豪に勝てば自分たちは強いんだということになります。選手たちのやる気を鼓舞する声がけですね。

③してほしい変換

「お前たちらしく、しっかり守って、ワンチャンスをものにしよう！」

※自分たちの強み、特徴を生かした理想の試合運びを語る

といいと思います。

④背中のひと押し

「さあ、思いっきりグラウンドで暴れてこい！」

※「背中のひと押し」を最近の言葉でいえば「やる気スイッチ」といってもいいかもしれません。選手たちを激励、鼓舞する言葉を最後に発し、子供のやる気スイッチを一気にONにするようにしましょう。

事実の受け入れ
今日は決勝戦 全国大会常連の ○○チームと対戦 できるなんてみんな すごいじゃないか！
捉え方の変換
この試合は お前たちの強さを 証明する チャンスだ！
してほしい変換
お前たちらしく しっかり守って ワンチャンスを ものにしよう！
背中のひと押し
さあ 思いっきり グラウンドで 暴れてこい！

ペップトークはスポーツ以外にも使える！

今、ご紹介した4つのステップを応用すれば、スポーツ以外にも習い事や勉強の試験など、いろんな分野でペップトークを活用することができます。

たとえばピアノの発表会の前に、子供にペップトークをしてあげるとすれば、このようになります。

①**事実の受け入れ**　「○○ちゃん、手が震えているね」
②**捉え方の変換**　「それはね、あなたが今、本気になっている証拠なんだよ」
③**してほしい変換**　「本気を出せば最高の演奏ができる。だからあなたの本気を

信じて」

④背中のひと押し

「さあ、いってらっしゃい！　終わったら大好きなケーキを

食べにいこうね」

いかがですか？

このようにステップごとに分けると、ペップトークもそれほど難しく感じないのではないでしょうか。

また、ペップトークは「チーム全体」への呼びかけにも使えますし、親が子を励ます場合にも使えます。「チーム全体」への呼びかけだけでなく、選手と指導者、一対一の場面などにも十分に効果を発揮します。スポーツ以外のさまざまな「励ましたい場面」でも有効ですから、各ご家庭で普段からこのペップトークをどんどん使っていくといいでしょう。

最初はなかなか「してほしい」変換ができないかもしれません。でも、何事も

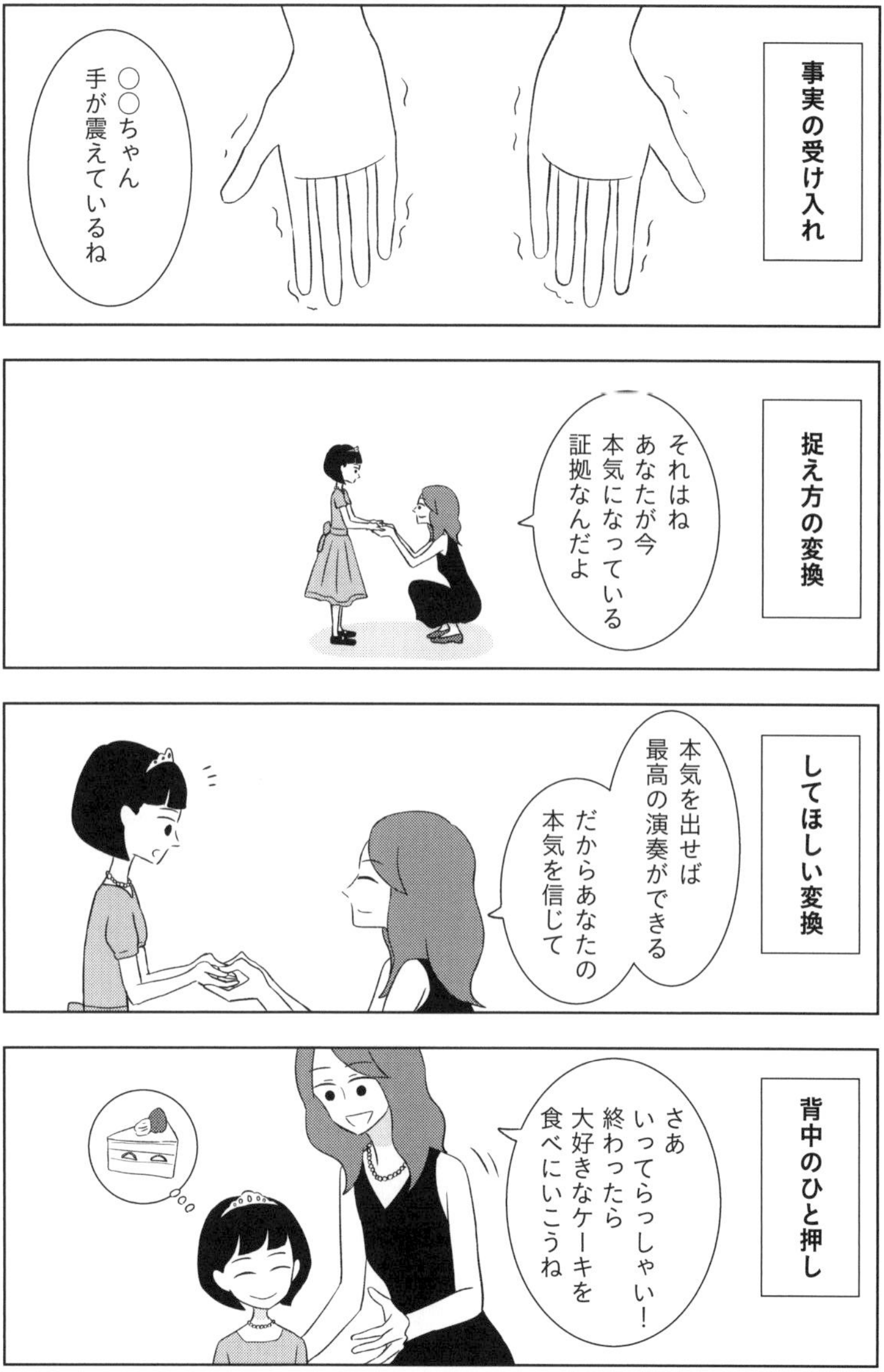
事実の受け入れ
○○ちゃん　手が震えているね
捉え方の変換
それはね　あなたが今　本気になっている　証拠なんだよ
してほしい変換
本気を出せば　最高の演奏ができる　だからあなたの　本気を信じて
背中のひと押し
さあ　いってらっしゃい！　終わったら　大好きなケーキを　食べにいこうね

慣れが肝心ですから、このステップを何度も繰り返し、子供たちを激励、鼓舞する技術を身につけていただきたいと思います。

感動的なペップトークが盛り込まれた4つの映画

アメリカではアメリカンフットボール（ＮＦＬ）、野球（ＭＬＢ）、バスケットボール（ＮＢＡ）、アイスホッケー（ＮＨＬ）が４大スポーツといわれており、老若男女を問わずアメリカ中で圧倒的な人気を博しています。そんなスポーツ環境があったおかげで、ペップトークも進化、発展してきました。

私はペップトークという存在を知る以前から、アメリカのスポーツ映画を見ることが大好きなのですが、その理由はやはり劇中に登場する「励ます言葉」がとても魅力的だからです。

ヘッドコーチが選手たちを、あるいは親が子供を勇気づけるために話すセリフは、見ているこちらも思わず涙してしまうようなものが多く、私はたくさんの作品に魂を揺さぶられ、またそれを参考にして実際に現場で選手たちを励ましてきました。

ここでは、感動的なペップトークが盛り込まれたおすすめの「アメリカのスポーツ映画」を、厳選して4つご紹介したいと思います。

千葉ロッテマリーンズのコーチ時代、円陣の中央で選手たちを鼓舞する著者

❶『ミラクル』

Ｐ65でも紹介したペップトークの元祖ともいえる映画です。１９８０年レークプラシッド冬季オリンピックのアイスホッケーの試合で、その〝ミラクル〟は起きました。

当時のアイスホッケーはソビエトが最強でしたが、なんと大学生だけでチームを組んだアメリカ代表がソビエトにまさかの勝利をあげ、金メダルを獲得するという奇跡のストーリーです。見所はもちろん、終盤のソビエト戦を前にしたロッカールームでのヘッドコーチのペップトークです。

❷『ルディ／涙のウイニング・ラン』

有名大学のアメリカンフットボールチームへの入部を夢見る青年が、挫折と再起を繰り返しながらその夢を実現させるプロセスを描いた映画です。

いくつもの壁にぶち当たる主人公のルディですが、まわりの人たちに支えられ励まされて、彼は夢をひとつまたひとつと実現させていきます。そして最後には、彼がチームメイトたちに素晴らしいペップトークを披露し、仲間を鼓舞します。

❸『ロッキー・ザ・ファイナル』

おなじみシルヴェスター・スタローン主演のシリーズ第6作。愛妻・エイドリアンを亡くし、さらにひとり息子とも関係がこじれて疎遠となり、ひとりきりになったロッキーが無謀な復帰戦に挑もうとします。

ロッキーの息子からすると、誰もが知るチャンピオンである父はあまりにも偉大で、その存在が息子にとって大きな壁となっていました。

劇中、ロッキーがそんな息子に話すペップトークがとても心に響きます。

❹『Mr.3000』

メジャーリーグで3000本安打を達成し、すぐに引退してしまったスラッガー、スタン・ロス。ところが引退してから10年が経ち、記録上のミスで3000本にあと3本足らないことが判明。3000本以上でなければ野球殿堂入りできないことから、スタンは10年ぶりに現役復帰を遂げ、3000本を目指すというスポーツコメディです。

映画終盤、3000本の夢をあきらめかけたスタンを励ます若い選手のペップトークがベテランの心に再び火をつけます。

ペップトークが収録された私のおすすめ映画はまだまだ他にもありますが、とくにおすすめしたいのがこの4作品です。みなさんが今まで見てきたアメリカ映画の中にも、もしかしたらペップトークが含まれていた可能性があります。

スポーツ映画を中心に、その内容を思い出し「あ、そういえば」と思い当たる映画があれば、お子さんと一緒に見てみてはいかがでしょうか。

第2章

その子に合う競技と効果的な声がけとは？

自分のやっていたスポーツを子供にさせたい気持ちはわかるけど……

世間の〝スポーツ親子〟を見ていて思うのは、親は自分がやっていたスポーツを子供にもさせたがる傾向が強いということです。その競技で上のレベルまで行った人は除いて、とくに野球はその傾向が顕著なようです。

親御さんが「自分が昔やっていたスポーツをわが子にもさせたい」という気持ちはよくわかります。私も自分が野球をしていましたから、息子が小学生で野球を始めた時はとてもうれしかったものです。幸いにも息子は大学まで野球を続けてくれましたが、社会人野球から話があったにもかかわらず「野球はもう辞めてサラリーマンになる」と聞いた時の寂しさといったら……。

神宮で行われた息子の最後の試合を妻と一緒に観戦しましたが、最終回2アウト、次の打者が息子という場面でゲームセット。社会人からの誘いも断って、野球を卒業する息子の野球人生最後の試合。まさしく最後の早慶戦を見終えた時、自然と涙を流している自分に気づきました。横にいる妻も泣いていました。

何ともいえない切なさと「俺は早慶戦に出たい」いう自らの夢を叶えた素晴らしさ、うれしさ……いろんな感情が交錯していました。私にとっては、野球選手の親を卒業する瞬間でもありました。

「子供にそのスポーツを続けさせたい」と思う親心はわかります。でも、ここまで何度もご説明してきたように「そのスポーツが好き」というのがスポーツをする上での原点です。たとえ子供が親の願っているスポーツをしてくれなかったとしても「このスポーツをやりたい」と選んだ道があるのなら、親は子供がその道で活躍できるように全力でサポートしてあげるべきだと思います。

親はひとつの道にこだわらず、広い視野を持つ。とくに小学生の子供たちにはいろいろな選択肢が用意されていますから、慌てずに、ゆっくりと、その子に合ったスポーツを選ぶのが最善の方法だといえるでしょう。

精神面・体質面パターン別、向いているスポーツとは？

かわいいわが子がスポーツを始めるとしたら、楽しんでやってくれるのはもちろんですが、何よりも「わが子が最も力を発揮できる競技をやらせてあげたい」と思うのが親心だと思います。

でも、人間にはそれぞれ〝個性〟というものがありますし、体質も人それぞれ違いますから「この子はこの競技なら実力が十分に発揮できる」と１００％断言することは誰にもできません。

ただし、体質の面からいえば、人間の筋肉には遅筋繊維（持久力のある筋肉）と速筋繊維（瞬発力のある筋肉）の2種類があります。先天的にそのバランスは人によって異なり、割合は変わらないとされているので、遅筋と速筋のバランスによって「向いているスポーツ」と「向いていないスポーツ」は存在します。

でも、ゴールデンエイジのご説明をした通り、小学生くらいのうちはいろんなスポーツをして全身の筋肉をバランスよく鍛え、その後、中学、高校と進んでいく中で「自分に最も合ったスポーツ（種目）」を選んでいけばいいと思います。

たとえば、小学生の子を持つ親御さんが「この子は短距離は遅いけど、長距離を走るのは得意だからマラソンをさせたい」と思っていたとしても、その子が「サッカーをやりたい」「野球をやりたい」というのであれば、私は本人の好きなスポーツをまずはさせてあげるべきだと考えます。

ただ、中には自分の子供がどんなスポーツに向いているのか、よくわからない親御さんもいると思います。そこで精神・体質両面のタイプ別に「こういう子にはこのスポーツが向いている」というものを7パターンほどご紹介するので、参考にしてみてください。

❶ 短気な子

「うちの子は短気ですぐカッとなるから、きっと格闘技が向いているだろう」などと短絡的なことは考えないでください。

正直にいえば、短気な子に向いているスポーツというのはありません。格闘技のみならず、あらゆるスポーツは冷静であったほうが有利なのは言うまでもないことです。「短気は損気」という言葉もありますから、短気は小学生、中学生のうちに直したほうがいいと思います。

子供が怒ったり、キレたりしている瞬間に親がそれを指摘しても、本人は聞く耳を持っていませんからまったく意味がありません。短気な子を諭す場合は、本人が怒ったその瞬間に叱るのではなく、しばらく間を置いて本人が落ち着いてから「あの時、いつもの悪いクセが出ちゃったよね」と指摘するのがいいでしょう。どうして怒ってしまったのか、次からはどうしたらいいのかを一緒に考えてあげるといいと思います。

とにかく、短気を直すのに近道はありません。短気を克服し、怒りを行動のエネルギーに変えられるように、親もじっくり根気よく子供の短気と付き合っていくようにしましょう。

何をしても物事が長く続かないという意味の「短気な子」もいますが、それは対象となる物事、あるいはスポーツの面白さを単にわかっていないだけです。そういった「短気な子」には、まずはそのスポーツの面白さ、楽しさを理解させることが重要で、そのためには親も一緒になって楽しむのが一番の方法です。

また、中には親が「子供に向いていないスポーツ」をさせているがゆえに、何をやっても長続きしないということも考えられます。そういった場合は、その子が何を好きなのか、何をしている時が一番楽しそうなのかを見極め、最も興味を持って取り組んでいるスポーツを続けさせてあげるといいでしょう。

❷のんびりした子

のんびりしているということは、おおらかだということ。おおらかな子はあまり物おじもしませんから、緊迫した場面などであまり動揺することもないのではないでしょうか。

どのスポーツであっても、緊迫した場面でいかに自分の力を発揮できるかが勝利へのカギとなるのは共通しています。つまり、緊張感あふれる瞬間に動揺しないのんびりした子は、どんなスポーツでも才能を発揮する可能性があります。

ただ、のんびりした子はおっとりしている分、競争心や向上心といったものにやや欠けるところがあるかもしれません。そういう場合は、一週間単位の小さな目標から一ヶ月、半年といった中期の目標、さらに「一年後に自分はどうなっていたいか」という長期の目標を立て、まずは小さな目標を達成するための努力を積み重ねていくといいと思います。

❸ 大人しい子

大人しい子にもいろんなタイプがいますが、ひとり遊びが好きな子なら個人競技がいいかもしれません。人と争うような競技を嫌うなら、陸上競技の中距離、長距離などをさせてもいいでしょう。

物静かでひとつのことに黙々と打ち込むような子は、精神的な忍耐力があるので野球のピッチャーなどが向いているといえます。

❹ 手先が器用な子

手先が器用な子は美術関連の分野（絵画や書道など）に進んだほうがいいかもしれませんが、スポーツであれば野球や卓球、ゴルフといった「道具を使うスポーツ」も向いていると思います。

バスケットのボール操作にも、手先の器用さが求められるのでおすすめです。

ちょっと珍しいスポーツですが、アーチェリーや弓道なども手先の器用な子にはいいですね。

❺ 短距離の速い子（瞬発力のある子）

このタイプはいろんなスポーツに向いていますから、その子が「このスポーツがしたい」というなら、それをさせてあげるのがいいと思います。

サッカーならフォワード、野球なら盗塁が得意なトップバッターが向いているでしょうし、バスケットやフットサルなどの小さなコートを激しく動き回るスポーツにも向いています。

もちろん、陸上の短距離走をするのもいいですが、それを専門にするのは中学、高校になってからでも十分間に合います。

ちなみに私の息子は中学時代、ボーイズリーグで硬式野球の選手でしたが、とある陸上競技会に出場し、陸上部でもないのに当時の千葉県の100メートルの記録を塗り替えました。その後も息子が大学まで野球を続けたのは、何度もご説明した通りです。ですから小学生くらいの段階で「瞬発力があるから陸上競技」とひとつに絞り込む必要はまったくないと思います。

❻長距離が得意な子

こういったタイプの子は、もちろん陸上競技の長距離（もしくは中距離以上）に向いていますが、これまで何度もご説明しているように、小学生の頃から長距離ひとつに絞る必要はまったくありません。

本人が「陸上がいい」というならそれでも構いませんが、だとしても並行して他のスポーツ（球技など）をしたほうが、その子のその後の人生のためになると思うので、ぜひいろんな競技にチャレンジさせてあげてください。

❼ 太っている子

ひと昔前であれば、太っている子は「野球のキャッチャーか相撲」というのがお決まりのパターンでした。ただ、近年の野球界ではキャッチャーにも俊敏性が求められるため「太っているキャッチャー」はかなり減ってきています。

そもそも健康上、肥満自体が身体に大変よくありません。ですから、もしお子さんが肥満気味だとしたら食生活を見直す（とくに間食をなくす）などして、肥満解消に努めることをおすすめします。

スポーツを始めたけど、泣き虫で困ります……

スポーツを始めたばかりの頃は、どんな子供でも多かれ少なかれ不安を持っていると思います。とくに普段から大人しい子や、引っ込み思案な子は不安でいっぱいですから、ちょっとしたミスでも泣いてしまったりします。

そんな泣いている子供に対して「泣くな！」とか「メソメソするな！」と言っている指導者や親御さんをよく見かけますが、私は小学生くらいであれば、ミスした時に泣いてしまうのはある程度しょうがないことだと思っています。

こういった子には「小さな成功体験」を繰り返し積ませていくしか方法はありません。

絶対ＮＧのやり方は「泣くな！」と怒ることです。これは、何度もご説明してきた「〜するな」というネガティブな声がけです。すぐに泣いてしまう子であっても、成功体験を繰り返していけば、多少のミスには動じなくなっていきます。大人はそれを辛抱強く続けていくほかないのです。

それに、泣き虫な子供に「泣くな！」と叱りつけたら、その子の心はさらに萎縮して、次に同じような場面になった時に必要以上に緊張感が高まり、再びミスをすることになってしまいます。ですから、落ち着いた状態になった時に「学年が上がっていったら、泣く回数は自然と少なくなっていくから大丈夫だよ」などと言ってあげるといいと思います。

選手が泣くのは、それまで一生懸命やってきた証拠です。だからミスをしたり、大事な試合で負けたりした時には泣きたければ泣けばいいと思います。

私はそういった声がけの他にも、泣いている選手には「漢字の話」をするようにしています。〝泣〟という漢字はサンズイに〝立つ〟と書きます。負けて再び立ち上がるには〝泣く〟ことも必要なのです。泣くだけ泣いたら、その後はしっかりと自分の足で立ち上がり、次の一歩を踏み出せばいい。

さらに〝涙〟という字にも意味があります。〝涙〟はサンズイに〝戻る〟と書きます。泣くだけ泣いて、涙をたくさん流せば原点に立ち戻れる。そこから再び目標に向かって頑張っていこう。〝涙〟という字には、そんな意味が込められているように私は感じます。

マイナスな言葉をなくしていけば、願いは「叶う」

漢字の話が出たついでに、余談をひとつご紹介しましょう。雑学的にも使える話なので、ぜひみなさんも他の人に教えてあげてください。

私がボビー・バレンタイン監督のもと、千葉ロッテマリーンズでコンディショニングコーチを務めていた1995年当時、二軍監督だったのが日系アメリカ人3人目のメジャーリーガーとして知られるハワイ出身のレン・サカタさんでした。

レンさんは、1977年にミルウォーキー・ブルワーズでメジャーデビューを飾り、その後、ボルチモア・オリオールズやニューヨーク・ヤンキースで内野のユーティリティプレーヤーとして活躍。引退後はマイナーリーグのコーチ、監督などを務め、1995年から千葉ロッテマリーンズの二軍監督に就任しました。

ある日、レンさんと話をしていると、まったく日本語が話せないにもかかわらず、こんな話をレンさんは私にしてくれました。

「〝吐く〟という漢字は口偏にプラス、マイナスと書く。じゃあ、口から吐く言葉からマイナスを取ったらどうなる？　そう〝叶う〟という字になるだろう。要するに自分の言葉からマイナス思考の言葉、ネガティブな言葉をなくしていけば夢は叶うんだよ」

レンさんからこの話を聞いた時、こじつけなどとは一切思うことなく「なるほどな」と私はただただ感心するばかりでした。レンさんは日本語がわからなかったがゆえに「土」を「十（じゅう）」と「一（いち）」ではなく「＋（プラス）」と「－（マイナス）」という風に捉えたわけです。

私たち大人が子供のやる気を引き出す言葉をうまく使えば、子供の夢を叶えてあげることができるのかもしれません。レンさんのこの話、みなさんもぜひ覚え

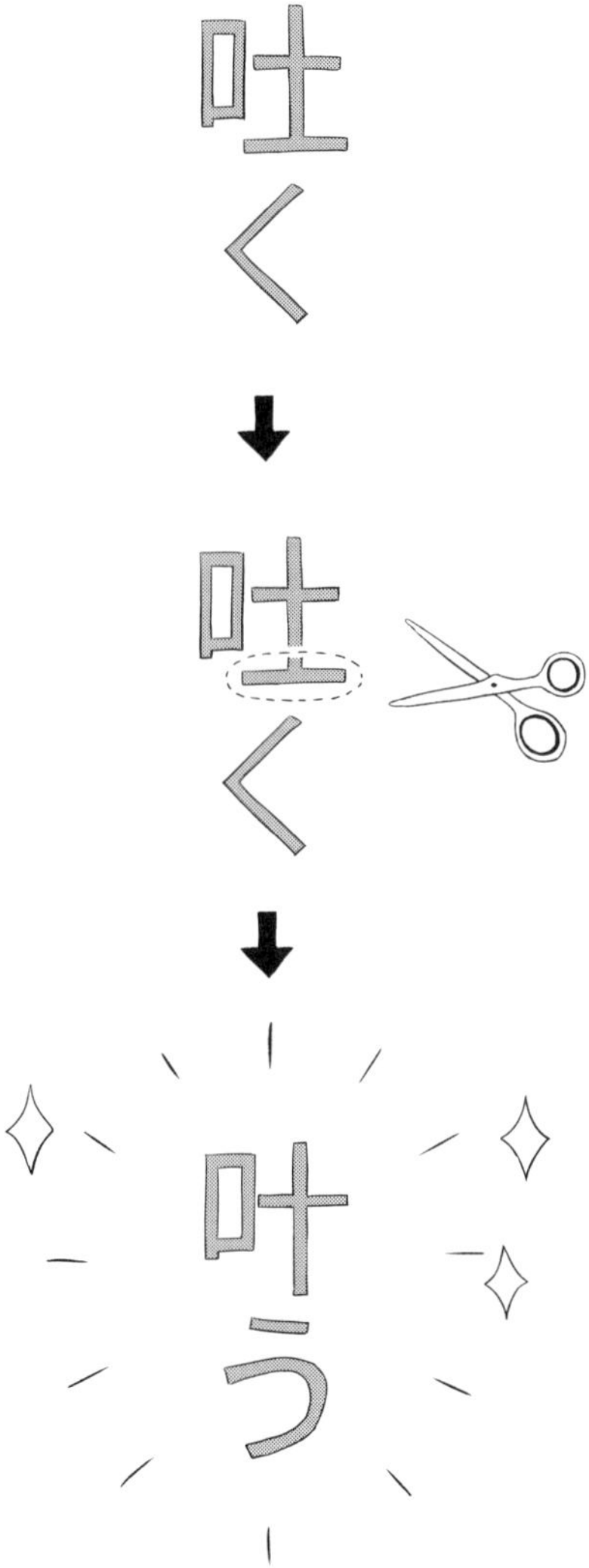
吐く
↓
吐く
↓
叶う

ておいてほしいと思います。

ミスした時、すぐ落ち込む子には？

ミスをした時に落ち込んでしまい、そのままの精神状態でプレーを続けるため、さらにミスが続く……。

試合中、そんな負の連鎖にはまってしまう子供は結構多いと思います。

ミスをして落ち込んでしまうのは「これで終わりじゃない。まだ次がある」という気持ちの切り替えがうまくできないからです。

ただ、小学生くらいの子供であれば、気持ちの切り替えが大人ほどうまくできなくて当たり前ですから、落ち込んでいる子に対して「気持ちを切り替えろ！」

と怒鳴っても、それはその子の気持ちをさらに萎縮させるだけで、何もいいことはありません。それよりも、試合中にしてしまったミスを引きずらないようにしていくためには「ミスをミスのまま終わらせず、成功体験で終わらせる」ことが重要です。

私がニューヨーク・メッツでコーチをしていた時のことです。

当時、メッツのショートを務めていたのは、球界を代表する名手として知られていたレイ・オルドニェスでした。ある日の試合、ランナー一・二塁でバッターの当たりはショートゴロ。レイはこれをダブルプレーに持っていこうとしたのですが、ゴロが二塁ランナーと重なって見えなくなり、エラー。このエラーでの失点が結局決勝点となり、メッツは負けてしまいました。

試合後、レイはその責任を感じ、ベンチで沈み込んでいました。すると当時の守備コーチがレイに「ノックをしよう」と声をかけました。そして、コーチはボールボーイを二塁ランナー役にし、レイにノックを始めました。

ノックの打球がランナーと重なっても、レイはエラーをせずにしっかり捕球していきます。メジャートップレベルの選手なのですから、普通に捕って当たり前。逆にいえば、その日のエラーのほうが私たちにとっては「レイでもあんなエラーをするんだ」と驚きでした。

ノックをしばらく繰り返した後、コーチがレイに言いました。

「レイ、キミのレベルなら打球が一瞬消えたって、今のように簡単に捕れるんだよ。今日のエラーはたまたまだ。気にする必要はないよ」

この一件のように「ミスをミスのまま終わらせず、成功体験で終わらせる」ようにすると、ミスを引きずることなく、新たな気持ちで次の一歩を踏み出すことができます。しかし、ミスをミスのまま終わらせてしまうと、次の試合で同じような局面となった時に前回の失敗が頭によみがえり、身体が硬くなって同じようなミスを繰り返してしまうのです。

ただ、そうはいっても団体競技などの場合は時間的制約など、チーム事情でそういったフォローが十分にできないこともあるでしょう。そのような場合は、家に帰ってからお父さん、お母さんが練習に付き合ってあげて、成功体験で終わるようにしてあげたらいいと思います。

ボールを怖がる、相手を怖がる子を強くするには？

野球やサッカー、バレーボールなどの球技の場合、小学校の低学年くらいだとボールを怖がってしまう選手は結構います。

高校野球やプロ野球だと、選手にキャッチャー防具をつけさせて、至近距離からボールを投げるなどの方法が取られることもありますが、ボールを怖がるような選手はどちらかといえば「大人しい子」が多いですから、このような練習をさせることによって「余計にボールを怖がるようになってしまった」ということにもなりかねません。ですから、こういったやり方を私はおすすめしません。

小学校低学年の選手であれば、まずは「ゆるいボール」や「やわらかいボール（軟式テニスボールなど）」を受けることから始めるべきでしょう。時間はかかりますが、親は子供がボールを怖がらなくなることを「じっくり待ってあげる」のです。ゆるいボールから始め、徐々にそのスピードを上げていく。そういった意味では、親にも忍耐力が必要とされますね。

ボールが身体に当たったり、こけたりといった痛みで泣く子も多いことでしょう。これについては、経験を積むことで〝慣れ〟ていきますから、それほど心配することはありません。少年野球を例にすれば、低学年のうちはデッドボールで泣いていた子も、高学年になればだいたい泣かなくなります。

痛みに関して補足すると、痛みの感じ方は十人十色ですから「それは痛くないだろう」と大人が勝手に判断することだけはしないでください。

子供が「痛い」と言っていれば、それは「痛い」のです。やる気がなくなり、練習したくないから「あっちが痛い、こっちが痛い」とウソをつく子もいますが、それは普段の子供の様子をしっかりと見ていれば、それが「ウソの痛み」なのか「本当の痛み」なのかは判断できると思います。

「痛い」と言っている子に対し「いや、そんなのは痛くない」と大人が勝手な判断をすることだけは、避けるようにしていただきたいと思います。

ボールではなく「相手を怖がる」選手の場合は、その心を強くしていかなければなりません。心を強くするには、先ほどからご説明している通り、何よりも「成功体験を積み重ねる」ことが重要です。自信のつく体験をひとつ、またひとつと積み重ねていくことで、選手の心は強くなっていきます。

「成功体験」をより強く本人にインプットするには、成功したプレーを映像として残しておくことが一番有効です。よかったプレーを、何度も何度も繰り返し子供に見せるのです。

「このプレー、とてもよかったね」「相手を怖がっていないから、こんないいプレーができたんだよ」とほめてあげながら映像を見れば、子供も自信をさらに深めていきます。

こうやって自信を深めていくことが選手の積極性を生み、やがてボールも、相手選手も怖がらなくなっていくと思います。

自信がない、プレッシャーに弱い子のメンタルを強くするには？

自分に自信のない子供は「俺はいつも負けてばかり」とか「チームの中で俺は一番下手だから」と考えがちで、負けん気のようなものも希薄ですから、根気や粘り強さに欠けた子が多いのは事実です。

そんな「自分に自信のない子」には「私はできる」とか「私は勝てる」と、前向きでポジティブな言葉を呪文のように唱えさせるのがいいと思います。前向きな言葉を口に出すことで、気持ちにも積極性が生まれ、負けん気の希薄だった子も「うまくプレーしたい」「勝ちたい」と思うようになります。これは先ほどもご説明したアファメーションですね。

サッカーやバスケットボールなら「このシュートは絶対に入る」。野球なら「ここで俺はヒットを打てる」「次に飛んできた打球は絶対捕れる」など、場面に応じて前向きな言葉を呪文のように唱えるクセを子供につけさせるのです。

そういった言動を毎日繰り返していくことで、実際のプレーでも成功体験が増え、負けん気の強くない子供の心に徐々に粘り強さが育まれていくはずです。

どのスポーツにも共通していますが、ピンチの場面になってもあまり動じない強いメンタルを育むには「臨場感のある練習をする」ことに尽きます。

野球を例にすれば、守備練習では「最終回、1アウト満塁。ゲッツーを取れば勝ち。エラーをしたら負け」というような緊迫した局面を設定するのが効果的です。あるいは試合を想定したバッティング練習では、塁上にランナーも置き（ランナー二・三塁など）、ピッチャーには「ヒットを打たれたらサヨナラ負け」で、バッターには「ヒットを打ったらサヨナラ勝ち」と伝えて練習を行うのです。

ピッチャーの投球練習では「その日の一球目は絶対にストライクを取る」と決めて行うのもいいでしょう。練習の最初に投げる一球は、一日に一度しかありません。そういった緊張感を自分で作り出していくことによって、プレッシャーに慣れていくわけです。

「ワンモア（もう一丁）」の練習を減らして「ディスボール（この一球）」の練習を増やしていくことが大切です。

ある程度うまくなるには「反復練習」が必要ですが、精神力を高め、もうひとつ上のレベルを目指すのであれば「もう1回」のない、本番さながらの緊迫感を練習に取り入れていくことをおすすめします。

また、家庭でも「メンタルを強化する練習」はできます。毎日、寝る前でいいので、お子さんに「ピンチの場面で実力を発揮し、自分がヒーローになる」ところを想像してもらうようにするといいでしょう。

これは、第1章でご紹介した「自動目的達成装置」のやり方ですね。「なりたい自分」を想像することで、実際のプレーもそこに近づけていくことが可能となります。お母さんがお子さんに添い寝しつつ、実況アナウンサーのように、お子さんがピンチの場面で活躍するようなシーンを、臨場感いっぱいに語ってあげてもいいかもしれませんね。

チームプレーで大きな声が出せない子には？

普段から大きな声をあまり出せない子は、大きな声を出す発声法そのものがわかっていない可能性があります。

そういった子には、カラオケなどで歌を歌わせるといいでしょう。ひとりで歌うのが恥ずかしければ親や兄弟、友達と一緒に歌うようにしてみてください。みんなの前で大好きなアニメの主題歌などを歌っているうちに、どうやったら大きな声が出るか、本人も徐々に理解していくと思います。

また、これとは違うタイプで、遊んでいる時などは大きな声を出すのに、グラウンドやコートに入った途端、声が小さくなってしまう〝内弁慶〟タイプの子も結構います。こういった子は、自信がないために声が出ないわけですから、試合などの本番の経験をひたすら積ませていくしか方法はありません。場数を踏むことで、きっとその子も大きな声が出るようになっていくと思います。

また、私がそういった「声の小さい子」を指導する時は、あえて小さな声でボソボソとしゃべり「どう？　今の話し方、聞き取りやすかった？」と聞き、その後、大きな声ではっきりとしゃべり「どっちが聞き取りやすい？」と再び問いかけるようにしています。

子供は「大きな声のほう」と当然答えます。私は「声が大きいほうが聞き取りやすいし、そのほうが相手に自分の伝えたいことを伝えられるよね。だったらキミも大きな声で話すようにしたらいいと思うよ」と説明しています。

私が専門とする野球の世界では、昔から「声を出すこと」いわゆる「声出し」が重要視されてきましたが、無駄な声出しが多いのも事実です。

少年野球でよく聞かれる「バッチこーい」などの声出しは、本人がしっかりバッターと打球に集中するためにメリハリをつけて言うのならいいですが、ダラダラとまるでお経のように「バッチこーい」「バッチこーい」と唱えているのは、逆に集中力が散漫になってしまいますから、まったく意味がありません。

ですから、野球の場合はこういった「声出し」よりも「このバッターは引っ張ってくるよ」とか「さっきライトに飛んでるよ」とまわりの選手に声をかける「声がけ」を大切にしたほうが、自分にとってもチームにとってもいいことだと思います。

つまり、自分の頭で考えた「意味のある声がけ」ですね。みなさんのお子さんも上手な「声がけ」ができるように、いろいろと教えてあげてください。

負けず嫌いが強すぎて、仲間のミスを許せず怒り出す子には？

私は今までメジャーやプロ野球をはじめ、社会人野球、大学野球、ボーイズリーグなどさまざまな世代（カテゴリー）の野球に携わってきました。

大人でも短気な選手はたくさんいます。中にはチームメイトのミスが許せず、試合中に怒り出すような選手も結構いました。大人でもそのような選手がたくさんいるのですから、精神も肉体も成熟していない子供が試合中に怒り出したとしても、何の不思議もありません。

そのような怒りっぽい子供に対し、大人が怒鳴って叱りつけても何の効果もないことを覚えておいてほしいと思います。

自分が子供の頃よく遊んでいた場所に、大人になってから行くと「こんなに狭かったっけ？」とか「こんなに小さかったっけ？」と思うものです。

子供にとっての世界の見え方と、大人とでは見え方がまったく異なります。子供にとって自分より大きなものは「より大きく」見えているわけですから、大人が、それも大きな声で怒鳴りつけたりしたら、子供は恐怖を感じます。

子供はその恐怖から逃れたい一心で、その時は何も考えずにただ「はい」「はい」と大人の言うことに従うかもしれませんが、肝心の「なんで怒られたのか？」がまったくわかっていませんから、結局その後も同じことを繰り返すことになるのです。

私は、そういったチームワークを乱すような言動を取る子供に対しては、まず

「キミがあの選手に言ったことを、もし自分が言われたとしたらどんな気持ちになる?」と相手の立場になって物事を考えさせます。

さらにその上で、子供にもプライドがありますから、そのプライドを傷つけないために「キミぐらいの力のある選手だったら、ミスをした選手をカバーしてあげなきゃ。そういうすごい力をキミは持っているんだよ」とアドバイスするようにしています。

もし自分のお子さんがすぐに怒り出すようなタイプであれば、ぜひそのように接してあげてほしいと思います。

ワンマンの子にチームワークや協調性を知ってもらうには?

小学生レベルだと、秀でた才能（技術）を持った選手はどうしてもワンマンプレーに走りがちです。このような選手は、他の選手たちが自分の動きや技術についてくることができず、思うような試合運びができないジレンマをいつも抱えています。

そのため「だったら自分ひとりでやってやる」とワンマンプレーのような行動を取ってしまうのでしょうが、団体競技では何よりも「チームワーク」が大切ですから、このようなひとりよがりのプレーは改めさせないといけません。

サッカーは11人、バスケットボールは５人、バレーボールは６人、野球は９人が揃わなければ試合ができません。ワンマンプレーに走りがちな子供には、まず「人数が揃わないと試合ができないし、その一人ひとりにちゃんと役割がある」ということを知ってもらう必要があります。

私ならそういった選手には、いろんなポジションを経験させると思います。サッカーならオフェンスだけでなく、キーパーを含めたディフェンスも体験させ、ひとつのボールを追ってみんなが動いていること、それぞれのポジションに役割があることをしっかりと理解させるのです。

未経験のポジションを体験することで、子供はその難しさも知るでしょう。そうやっていろんなポジションを経験させながら「チームメイトはお互いにリスペクトしながらやっていかないとね」と導いてあげるといいと思います。

慣れてきてプレーが雑になってしまっている子には？

そのスポーツを始めたばかりの頃は、どんなプレーをするにも一生懸命だったのに、一年ほど経って慣れてくると手を抜いたり、いい加減なプレーをしたりするようになる子供が少なからずいます。

たとえばサッカーやバスケなら、始めた頃は必死でボールを追っていたのに、いつの間にか全力疾走することがなくなってしまった。あるいは野球なら、それまでは腰を落としてしっかりゴロを捕球していたのに、ヒザを曲げることもなく、腰の位置が高いまま適当にボールを捕るようになってしまった……。

やっているのは子供ですから、しょうがないといえばしょうがないのですが、親御さんとしては他の選手もいる手前「どんな時でもしっかりプレーしてほしい」と思っていらっしゃるはずです。

こういった子供たちに「始めた頃の一生懸命さ」を思い出してもらうには、一生懸命だった頃の映像と最近の映像を見比べてみるといいと思います。

あるいは今お話しした野球のゴロ捕球も、適当に捕っていれば試合や練習などでエラーをしているはずですから、まずはそれを指摘するといいでしょう。しっかり腰を落として捕球してファーストまで送球するのと、適当に捕って送球するのとではどちらがファーストまで早く投げられるか、タイムを計って比べてみてもいいと思います（もしくはエラーの数を比べたり）。
一生懸命なプレーと適当なプレー、どちらがいいのか？
どちらのほうがチームにとって貢献できるのか？
それを自分で考えなさい、と教えるのがいいと思います。

ずっと続けてきたスポーツを辞めたいと言い出した時は？

世の中には「この子には、どんなスポーツをやらせればいいのだろう？」と悩んでいる保護者の方もいれば、これまで続けてきたスポーツを子供が「辞めたい」と言い出して「どうしようか？」と困っている親御さんもいます。私は、そんな問題に直面する方から相談を受けたことが、これまで何度もあります。

そういった場合、まずその子供が「なぜ、やる気を失ったのか？」の原因を探ることから始めます。そのスポーツを辞めたいという気持ちになるには、大きく分けて以下の３つの理由があると思います。

①指導者（あるいはチームの指導方針）、もしくはチームメイトと合わない

②ケガをして思い通りに動けなくなった

③そのスポーツが好きではなくなった、魅力を感じなくなってしまった、ダルい（しんどい）

①の場合であれば、他の団体、チームを見学するなどして、子供に最も合っているところを選び直すのがいいと思います。その際には１～２カ所ではなく、最低でも３～４カ所を見学し、その中から選ぶことをおすすめします。

②の場合は、ケガの程度にもよりますが、もしそのケガが多少時間がかかるも

のなのであれば、休部などの手続きを取り、じっくりと治療してから復帰するようにしたらいいと思います。もし仮にそのケガを負ったことによって、競技を続けられないくらいの深刻な状況だとしても、あきらめることはありません。今はほとんどのケガは治る時代なので、1回の診察・診断であきらめず、セカンドオピニオン、サードオピニオンを求めて有名な治療院に行ってみましょう。

一番対処に困るのは③の場合です。

「そのスポーツが好き」というのが、スポーツを続ける上での原動力となるわけで、③の理由ではその根本が崩れてしまっていることになります。子供がこのような気持ちになってしまったら、まずは一旦そのスポーツを離れたほうがいいと思います。

親が強制的に続けさせたとしても、子供の気持ちが元に戻ることはまずないでしょうし、そのやり方があまりにも無理やりだと、そのスポーツが本当に心の底から嫌いになってしまいます。

一旦そのスポーツから距離を置き、時間が経っても気持ちが戻らなければ、興味を持って取り組める何か別のスポーツを探すべきでしょう。

小学生のうちは、とにかくいろんなスポーツを体験させたほうがその子の将来のためになりますから「大好きになれるスポーツを新しく探そう！」と、親子でポジティブに捉えてやっていくのがいいと思います。

①～③の理由が複合的に絡み合っている場合もあることでしょう。いずれにしても何より最も大切なのは、当事者である子供の気持ちに寄り添って、子供のことを理解してあげることだと思います。

俺
野球辞める!
本当は野球を
続けてほしい
んだけど
今はそっと
見守ろう…
一番大切なのは
本人の気持ち
だから…

第3章

しなやかで強い身体を作り出す方法とは？

なぜ、しなやかな身体がいいのか？

スポーツをするなら「身体はやわらかいほうがいい」とよく言われます。身体がやわらかい人は動きがしなやかで、スポーツをしている時も自然でスムースな動きができます。

ここでいう「しなやかな動き」とは、身体の可動域が広く、自分の持てる力を無駄なく、100%発揮できる動きのことを表しています。

「身体がやわらかい＝可動域が広い」ということなのですが、なぜ可動域が広いほうがいいのか、弓にたとえてご説明しましょう。

弓矢を遠くに飛ばしたい時、みなさんならどうしますか？

そうです。遠くに飛ばしたいなら、弓を「これ以上引っ張れない」というギリギリまで、目一杯引っ張るはずです。弓を目一杯引っ張る。これが「可動域の広い」状態です。

逆に身体が硬く、可動域の狭い人は、弓矢を遠くに飛ばそうと思っても、弓を目一杯の半分くらいまでしか引っ張ることができません。これでは身体の持てる力を１００％発揮できません。

もちろん、目一杯引っ張ろうと思ったら、力（筋力）も必要ですが、可動域がそもそも狭ければ、ある一定の位置までしか引っ張ることができないわけです。

また、身体の硬い人はスポーツをしていてもどこかギクシャクしていて、スムースな動きには見えません。

可動域が狭く、動きがギクシャクしていたらどうなるのか？

答えは簡単です。そういった人は「しなやかな動き」の人に比べて圧倒的にケガが多くなります。自分の持てる力を１００％発揮し、なおかつケガしにくい身体を作るには、柔軟性を高め「しなやかな動き」を身につけていくしか方法はないのです。

それではここから、柔軟性を高めるための「ストレッチの重要性」と、具体的な「ストレッチのやり方」をご説明していきたいと思います。

ストレッチは身体を温めてから

ストレッチをすることで、身体にどんないいことがあるのか?

まずはそれを簡単にご説明しましょう。

ストレッチをすると、身体の関節と筋肉がやわらかくなります。これによって可動域が広がり、ケガのしにくい身体となるわけです。さらに、ストレッチをすると血行もよくなるため、スポーツ前の準備運動だけでなく、スポーツ後にストレッチを行えば疲労回復を早めることにもなります。

スポーツをする際、まずは身体を温めてからストレッチを行います。これをスポーツの世界では「ウォーミングアップ（warm＝温める）」と呼びますが、このウォーミングアップをしない人はケガをする頻度が確実に高まります。

ウォーミングアップでは、まず軽い体操とジョギングで身体を温めてからストレッチを行います。身体の冷えた状態でストレッチをしても効果が上がらないばかりか、無理に筋肉を伸ばそうとして逆にケガをしてしまうことにもなりかねませんので、ストレッチは必ず身体を温めてから行うようにしてください。

家で行う場合は風呂上りの寝る前などが最適です。親子で一緒にストレッチをすれば、子供も楽しくストレッチができますし（楽しくやることが長続きの秘訣です！）、お父さん、お母さんの健康にも役立ち、まさに一石二鳥にも三鳥にもなります。

現在44歳にして現役メジャーリーガーのイチロー選手を筆頭に、プロ野球界で長く活躍している選手は、みなストレッチを「生活の一部」として続けています。サッカー界で長く活躍する現在51歳の三浦知良選手も、入念なストレッチを毎日行っていることで有名です。

プロアスリートとして長く活躍を続ける選手たちは、みなストレッチをしっかりと行い「しなやかな身体」と「ケガしない身体」を作り上げていたのです。

親子で風呂上りにストレッチをしよう！

家でも簡単に「身体を温めてからストレッチ」をすることができるのが、風呂上りです。家にいる時、風呂上りの直後なら身体は温まった状態です。運動しなくても身体が温まった状態にあり、なおかつストレッチが終わったらそのまま寝てしまえばいいのですから、風呂上りほどストレッチに最適のタイミングはないといえるでしょう。

そんなわけで、寝る前にお風呂に入り、そのままお布団の上などでストレッチを行うことを、私はおすすめします。

これから紹介する6つのストレッチは、数あるストレッチの中から「子供がやりやすく、かつ効果的」というものだけを厳選しました。もちろんどんなスポーツにも適した、基本的なストレッチばかりをご紹介しています。それぞれのストレッチを、20秒ずつくらい（最初はもっと短くてもいいです）やるようにしてください。

ストレッチは身体の力を抜いて行うのが基本です。お子さんに「身体がタコみたいにやわらかくなったと思ってやってみて～」と声をかけながらやるのもひとつの手です。

また、注意点として、身体が軽い痛みを感じるくらいならいいですが、強い痛みを感じるまで無理に伸ばすのは絶対にやめてください。身体がやわらかくなるようにと、無理に後ろから人が押したりすると筋肉を痛めることにもなりますので、そういった「無理なストレッチ」は絶対にNGです。

それ以外は細かいことはあまり気にせず、ゆっくり、のんびり、遊び感覚でやることが大切です。心身ともにリラックスした状態となり、寝つきもよくなる「風呂上りストレッチ」。

ぜひ親子で、続けていただければと思います。

ストレッチ・基本編
――まずはこの6つだけでOK

❶もも前伸ばし

前伸ばしは片足のつま先をお尻の下に敷いて、軽く痛くなる（筋肉が張る）程度まで上体を後ろにそらし、太ももの前の部分（大腿四頭筋）を伸ばします。小学生によくある成長痛の多くは、ヒザのお皿の下あたりに痛みが出ますが、これはその予防にもなるストレッチです。左右各10〜20秒（イラスト参照）。

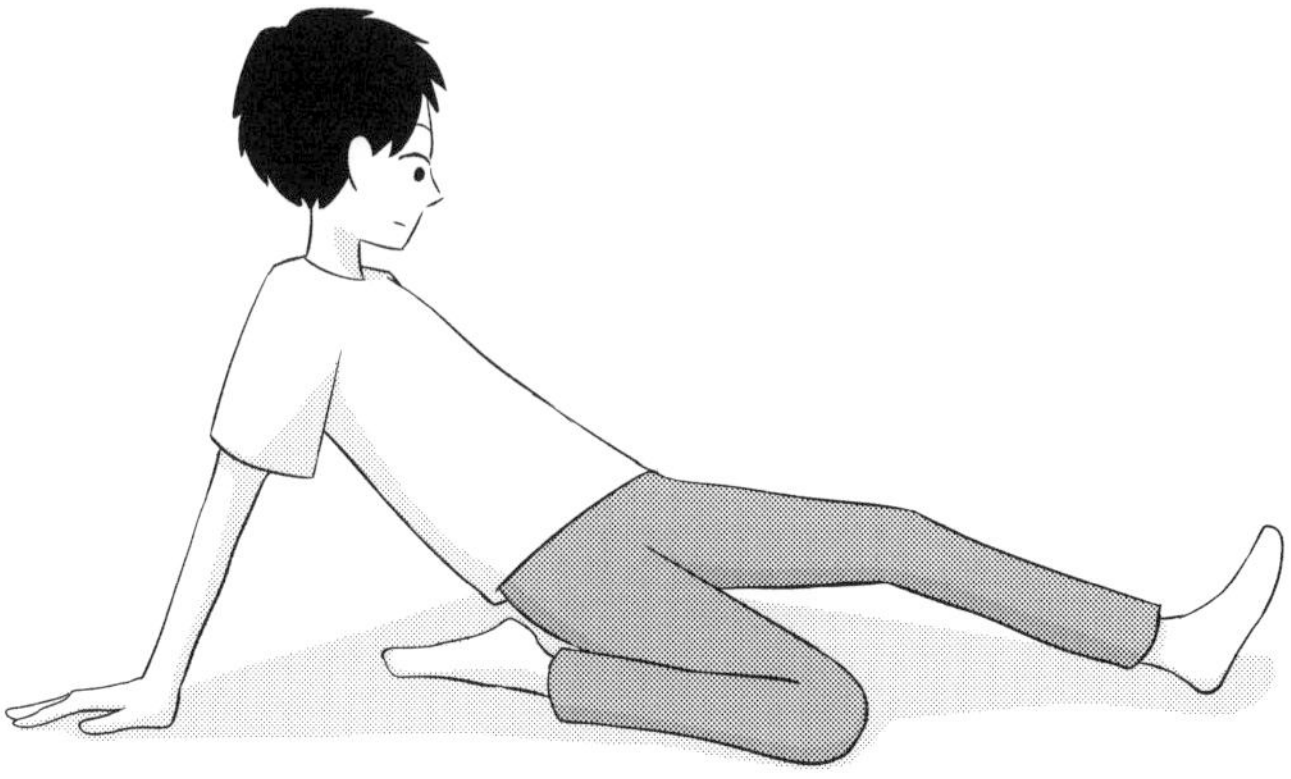

❷もも裏伸ばし

これが一番スタンダードなストレッチといってもいいかもしれません。片足を伸ばし、そのつま先を手でつかみ、そこで止まります。痛くてつま先がつかめなければ、足首をつかむやり方でも構いません。徐々につま先がつかめるようにしていきましょう。もう一方の足は伸ばしていても、内側に折っていてもOKです。左右各10～20秒（イラスト参照）。

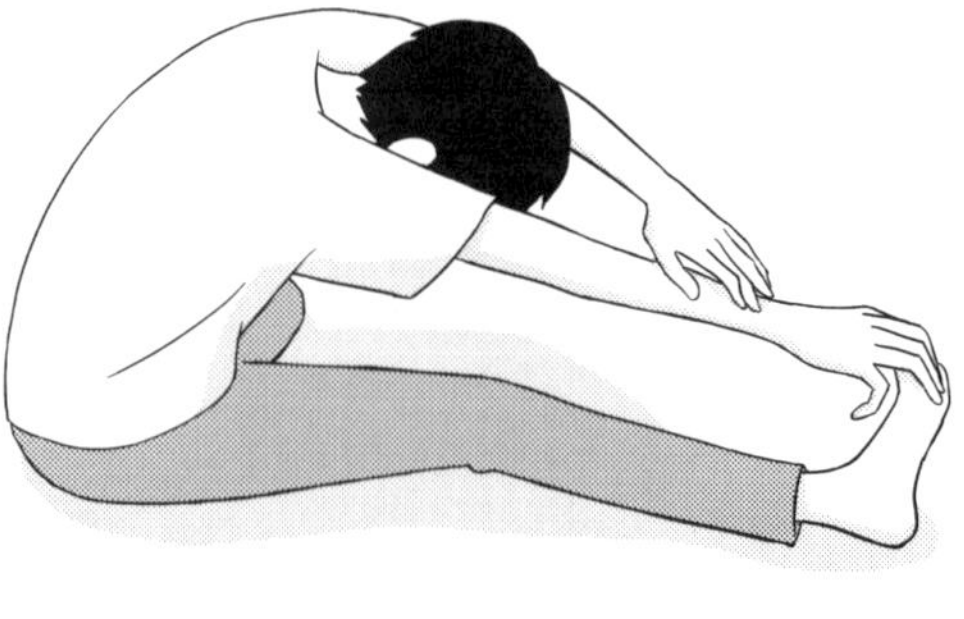

❸ 腹筋伸ばし

うつぶせの状態から足をまっすぐ伸ばし、突っ張るように両手で上半身を起こし、エビのようにに身体を反ります。アゴを上げて天井のほうを見るように腹筋を伸ばすとより効果的です。これは10秒程度でＯＫです（イラスト参照）。

❹ 背筋伸ばし

正座した状態から両腕を前方に伸ばし、背筋を伸ばしていきます。背中が丸まらないよう、しっかりと背筋を伸ばすことを意識してやってください。これも10秒程度でOKです（イラスト参照）。

❺ 内もも伸ばし

あぐらを組んで座ったまま両足の裏を合わせ、そのつま先を両手でつかみます。この時、ヒザが床についているくらいが望ましいの

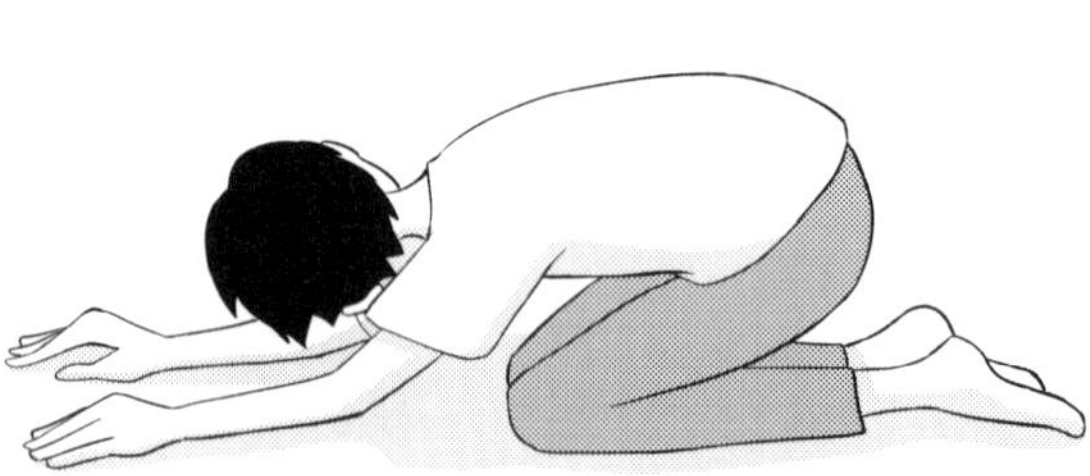

ですが、身体の硬い子はそこまでいかないかもしれませんので、できる限りヒザを床に近づける感覚でＯＫです。場合によっては親御さんがお子さんの両ヒザを下方向に軽く押してあげるやり方もおすすめです。慣れてきたら、顔を足に近づけるように上体を前に倒すようにしてください。このストレッチは股関節をやわらかくしてくれる働きもあるので入念に行いましょう。10～20秒程度で（イラスト参照）。

❻ 腰ひねり

仰向けに寝て、片足を伸ばしたまま反対方向へと倒します。顔は足を倒したのとは反対方向に向けるようにしてください。脇から腰、お尻まで広い範囲の筋肉を伸ばしてくれるストレッチです。左右各10〜20秒（イラスト参照）。

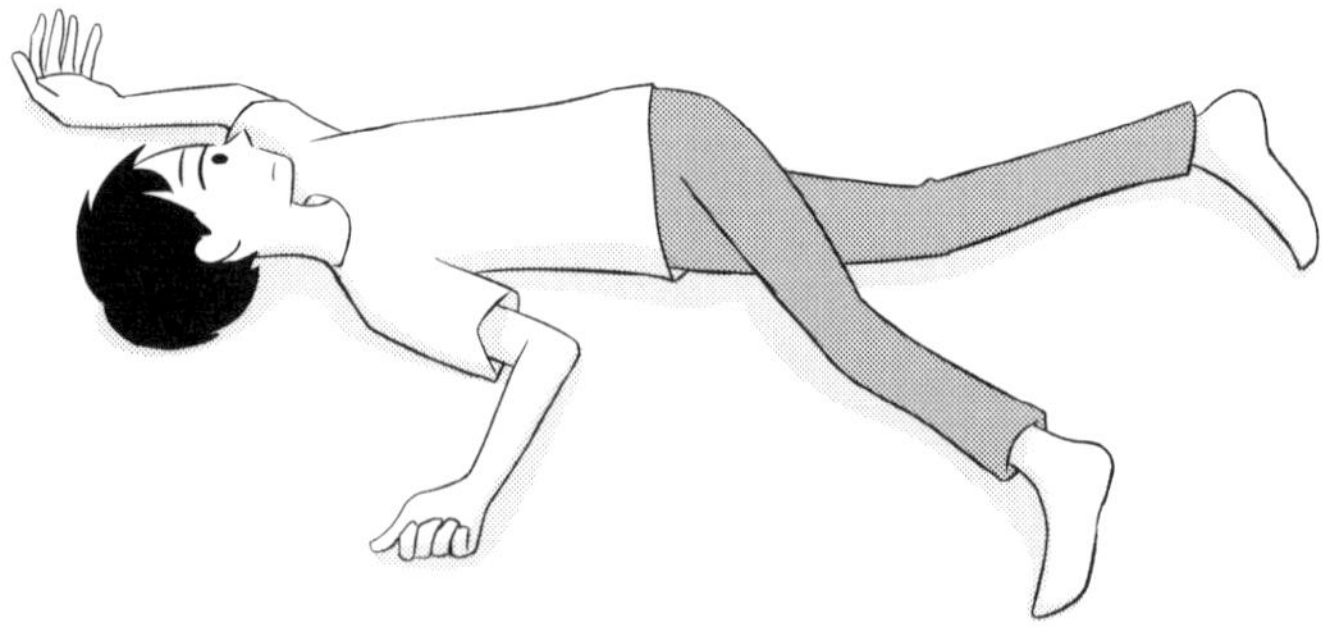

ストレッチ・特別編
――バットを使ったヒジのストレッチ

野球をやっている子供には、肩、ヒジのケガ防止のために次の２つのストレッチもおすすめです。

① ヒジの内側のストレッチを中心に、肩のストレッチにもなります。肩、ヒジの可動域を広げることにもつながります。軽い痛みを感じるくらいのところで止め、10～20秒続けてください（次ページイラスト参照）。

② 腕の裏側の筋肉を伸ばすストレッチです。下の方の手を下側に引っ張ると、

①

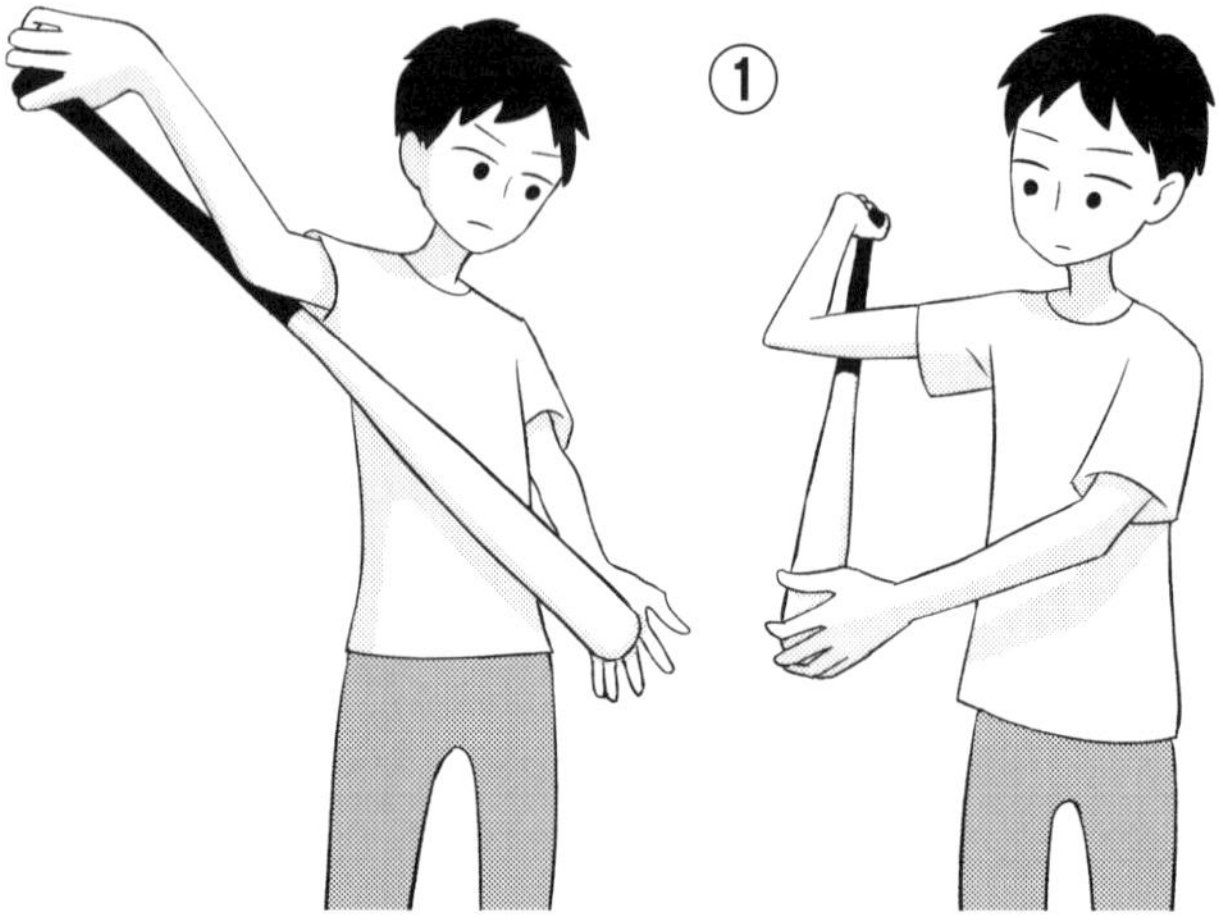

②

反対の腕の裏側の筋肉が伸び、気持ちよく感じるはずです。「気持ちいいな」くらいのところで止め、10～20秒続けてください（イラスト参照）。

スポーツの基本「正しい走り方」の2つのポイント

「走る」という動きは、あらゆるスポーツの基本となるだけにとても大切な動作ですが「正しい走り方」をしている人は意外に少ないものです。そこでここでは正しい走り方に関して、覚えておいていただきたい大きなポイントだけご説明します。

ポイントは2点。「腕」と「股関節（太もも）」です。

まず腕の使い方としては、ヒジを90度に曲げて進行方向にまっすぐに振ります

（イラスト参照）。よく見かけるのは、ヒジが伸びていたり、腕を横振りしていたりする子です。これでは身体の軸もぶれやすくなり、スピードが落ちますから、ヒジをしっかり90度に曲げ、進行方向にまっすぐ振るようにしてください。

次に下半身の動かし方です。

正しい走り方をする場合の下半身のポイントは、ずばり「股関節」です。下半身の動きとしては、股関節が基点となり、そこにヒザの曲げ伸ばしと足首の動きが加わって「走る」という動作になります。

足の速い人は股関節をうまく使い、太ももの部分を大きく振り、ヒザと足首はその動きに合わせて使う感じで走ります。太ももを大きく振るので、ストライドは必然的に広くなります。小股でチョコチョコと走るより、大きなストライドでダイナミックに走るのが速く走るコツです。

股関節の動き方を覚えるには、イラストのように股関節を基点として、足を前後にしっかり振る動きを繰り返してください。

正しい走り方

腕の使い方

下半身の動かし方

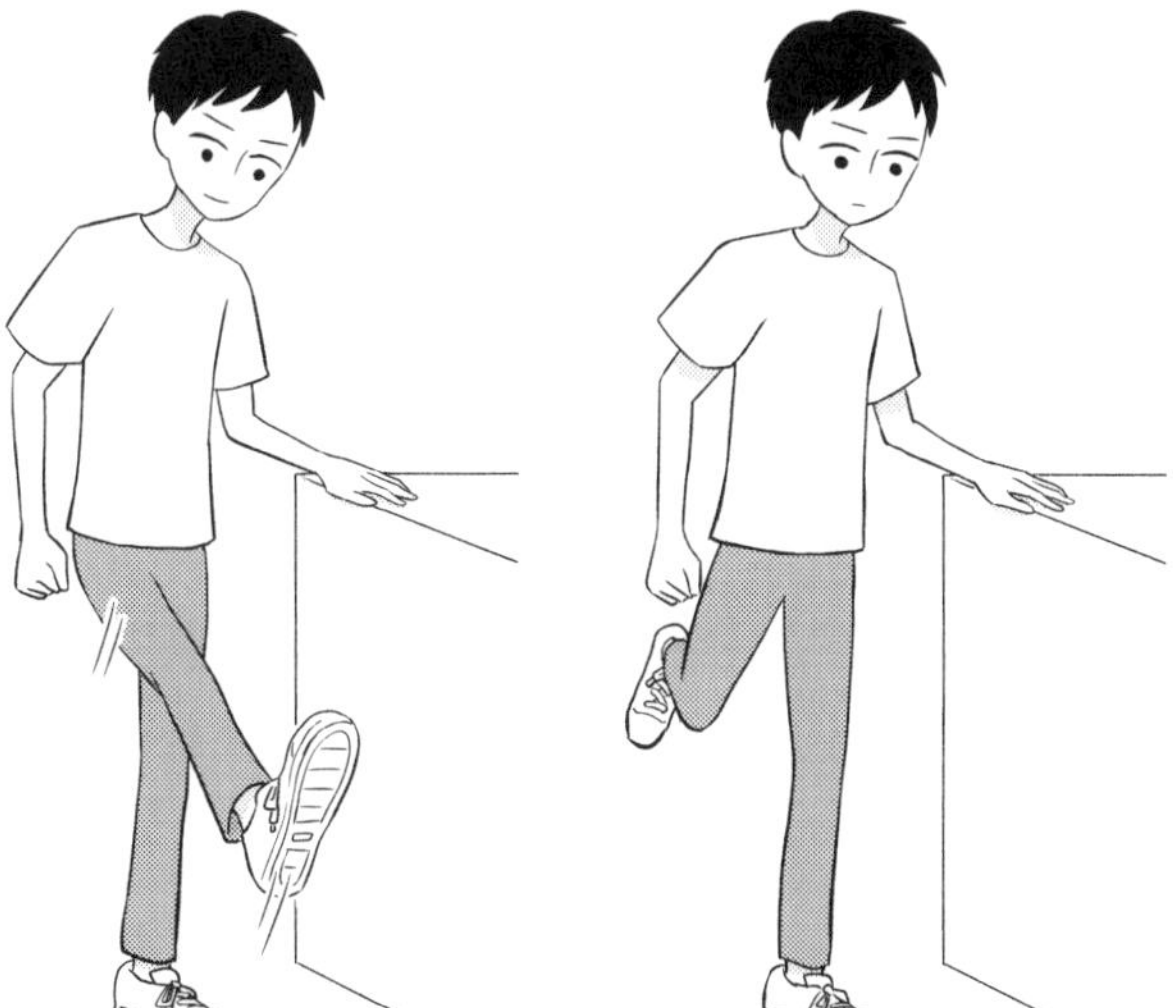

食事は楽しく、朝食もしっかりと

スポーツの世界では「食事もトレーニングの一環」などといわれたりすることもあるくらい重要視されている食事ですが、子供には栄養や食べる量など難しい話の前に「食事は楽しい」ということを、まずは教えてあげることが何よりも大切だと思います。

「食べることは楽しい」と子供に理解してもらうには、家族みんなでテーブルを囲んで食事をするのが一番です。楽しく会話しながらの食事は、料理を美味しくいただけて箸も進むと思います。

さて、小学校に上がると給食が始まるので家庭では朝と夕、一日2回の食事となります。この2回の食事を、いかに栄養のバランスよく子供に取らせるかが発育にも大きく関わってきます。

朝食をしっかりと取る習慣も、小学生のうちにつけておかなければいけません。朝食を抜いて昼食を取るということは、前の日の夕食から17時間ほど経ってから食事をすることになります。

そうなると、本来昼食を食べて脳や身体へ補給されるべき栄養が、胃腸を動かすためのエネルギーとして使われてしまい、十分な栄養が脳や身体へ行き渡りません。このような状況では、勉強やスポーツで十分な力を発揮することは難しいでしょう。

ですから朝食では、穀物、炭水化物を中心にしっかりと食事を取り、エネルギーを補給することが大切です。夕食はたんぱく質の多い肉、魚介類などをメインに、野菜はもちろんですが、ビタミン豊富なトマト、ニンジン、かぼちゃなどを取るようにしましょう。

また、疲労回復効果のあるビタミンCを含むオレンジやグレープフルーツ、レモンなどの果物や果汁も上手に取り入れ、バランスの取れた食事を心がけるといいと思います。

カルシウムとビタミンDの重要性

育ち盛りの子供にとって、毎日の食事は「身体の成長」に一番大切な要素であり、スポーツをしている子供ならばなおさら「食事と栄養」には気を配る必要があります。

最近では朝食を食べない子供も増えていると聞きますが、スポーツの大事な試合がある日に朝食を食べなければ、選手の持っている力を100%発揮することはできません。そういった意味でも、普段からきちんとした食事の習慣をつけておくことが大切なのです。

人間の身体はだいたい16~17歳くらいで骨の成長が止まるといわれています（個人差はあります）。ということは、とくに小学生から中学3年の15歳くらいまではどんどんと骨が成長する時期にあたります。

スポーツをしている子供たちに、私が講演や講習などでよく話すのは「骨の成分はカルシウムだから、カルシウムを多く含む牛乳や魚をたくさん食べることが大事」だということと「カルシウムの吸収の効率を高めてくれるビタミンDも重要」だということです。

「カルシウムを多く含む主な食べ物」

◎牛乳・小魚（煮干しやめざし、しらすなど）　◎チーズ

◎ヨーグルト　◎小松菜など

ビタミンDは血液中のカルシウムを吸収する時に必要となる栄養素です。

「ビタミンDを多く含む主な食べ物」

◎きのこ類　◎さんま　◎いわし　◎かつお

◎まぐろ　◎レバー　◎卵黄など

また、ビタミンDは紫外線に当たることによって皮膚で合成されるので、屋外で遊んだり、スポーツしたりすることもとても大切です。

「身長を伸ばす」「身体をやわらかくする」のウソ・ホント

身長を伸ばすには、骨のもととなるカルシウムをしっかり摂取するのが大切だということは、先ほどお話しした通りです。それとは別に、子供の身長を伸ばす上で、私が実際に子育てをしていて実感したのは「寝る子は育つ」は本当だということです。

私は身長が186センチありますが、現在社会人となった息子の身長は私よりも2センチほど上回っています。普段の食生活に関して、妻は「バランスの取れた食事」を心がけてくれていたと思います。

でも、息子の子供時代を振り返ると、彼は普段から「よく寝て」いました。規則正しい生活で睡眠時間を十分に取っていたのはもちろんですが、その他にも勉強と食事の時以外はたいていリビングのソファーなどに寝そべっていました。

規則正しい睡眠時間を取れれば、成長ホルモンが体内に分泌され、それが骨の成長＝身長を伸ばすことにつながります。

また、普段からソファーなどで寝そべっていれば、重力の影響を最小限に抑えることができますから、それも骨の成長につながったんだと思います。

身体に関するウソ・ホントの話を、もうひとつしておきましょう。

昔から「酢を飲むと身体がやわらかくなる」といわれ、身体が硬いために「毎日、酢を飲みなさい」と教えられてきた方もいることでしょう。しかし、結論から言うと「酢を飲むと身体がやわらかくなる」はウソであり、都市伝説のようなものです。

お酢の成分である酢酸は、疲労のたまった酸性の身体をアルカリ性に戻してくれるので、健康にいいのは事実ですが「身体をやわらかくする食材」ではありませんし、そういう食材は存在しません。

身体をやわらかくしたいなら、P148～156で紹介したようなストレッチを毎日続けるのが最も効果的なのです。

好き嫌いをなくして、良質な筋肉を作ろう！

小学生の食事で何より大切なのは、バランスの取れた食事です。

そしてバランスの取れた食事をするには「好き嫌い」も減らしていく必要があります。子供に好き嫌いがある場合、その嫌いな食べ物を「いかにうまく取らせるか」が大きなポイントとなり、そこが親の腕の見せ所でもあります。

たとえば魚が嫌いな子であれば、魚そのものを食べさせるのではなく、魚のすり身をハンバーグにして食べさせたり。あるいはニンジン嫌いな子であれば、ニンジンをすり下ろしてそのままカレーに入れてしまったり。

難しく考える必要はまったくありません。ちょっとしたアイデアや工夫で、嫌いな食べ物でも子供に気づかれずに食べさせることはできるのです。

そう言っている私も、子供の頃は野菜が嫌いでした。母はそんな私のために、いつもサラダにはポテトチップスを砕いたものを振りかけてくれていました。私はこのトッピングがあったことによってサラダを敬遠することなく、しっかりと野菜を食べられるようになりました。

野菜嫌いな子供にはそのような「トッピングで食べさせる」こともできます。他のスナック菓子などでもいいので、ぜひお試しいただきたいと思います。

さて、良質な筋肉を作る上で私が一番おすすめしたいのは「鍋料理」です。鍋料理ならばたんぱく質である肉、魚が十分に取れますし、野菜類の食物繊維、さらには出汁《だし》に素材のビタミンも染み出していますから、とにかくバランス、栄養ともに満点です。

また、プロのアスリートたちは良質な筋肉を作るために、動物性たんぱく質だけでなく、植物性のたんぱく質も同じくらい摂取しています。

動物性たんぱく質を取るために鶏肉や魚をしっかりと食べ、さらに植物性たんぱく質である豆腐や納豆といった大豆系食品も同じくらい食べるのです。小学生のうちはそこまでこだわる必要はありませんが、両方のたんぱく質を取ることが重要なのは覚えておいて損はありません。

運動した後、すぐに食事をするのが効果的

メジャーリーグでは、試合後のロッカールームに「これ、ホテルのビュッフェか？？？」と思ってしまうほどの豪華な食事がテーブルにずらりと並べられ、選手やスタッフが自由に食べられるようにセットされています。

シーズン中のゲームは日本と同様に、同じチームと3戦を行ってまた次のチームと戦うことになるわけですが、メニュー構成は一日目がイタリア料理、二日目がメキシコ料理、三日目がチャイニーズ（今は日本人選手も多いことから、日本食も多く取り入れられています）といった具合です。

スポーツで激しく身体を使った後は、すぐに筋肉のもととなるたんぱく質と、

さらに炭水化物などのエネルギーを補給しないと、身体のダメージが大きくなってしまいます。

そんなことから、メジャーリーグの試合後のロッカールームには豊富なメニューが用意されているのですが、これは何もプロの世界に限って有効なわけではなく、私たち一般人にも同様の効果がある食事法なのです。

運動後は誰でもお腹が空くものです。とくに小学生くらいならば、運動後にある程度の栄養を補給しないと、一日に必要なエネルギー量を確保することができません。また、運動後に軽く食事をすることは夕食の食べ過ぎを抑えるのにも効果的です。

練習や試合の後、おにぎりやサンドイッチなどを用意してすぐに食べるのもいいでしょうし、バナナやドライフルーツなどでもいいと思います。最近の子供たちはファーストフードも結構食べるようですが、ハンバーガーやフライドポテトを頻繁に食べるのは明らかにカロリーオーバーですから、あまり好ましくありません。

練習や試合後に補給するカロリーは、５００カロリー以内が目安です。また、果汁１００％のジュースやヨーグルトドリンク、牛乳などの飲み物も一緒に取ることを忘れないでください。

太りすぎには要注意――脂肪細胞の数は一生減らない

太りすぎは、スポーツをする上で身体に負担となってケガも増えますし、大人になってからさまざまな成人病を誘発するなどいいことがありません。ですから、肥満傾向にある子供は食生活を見直していく必要があります。

よく「肥満は遺伝する」といわれますが、そんなことはありません。もし親子ともに太っているとしたら、それは普段の食生活が同じで、カロリーを過剰に摂取しているためにそれが肥満となって表れているのです。

普段の食事の量が多くカロリーを取りすぎれば、どんなに代謝がよくても太ってしまいますし、肥満の子供に共通しているのが「間食が多い」ということです。

家にスナック菓子などの菓子類が常備されていると、子供はいつでもそれを食べることができますから、必要以上のカロリーを取ってしまうことになります。肥満気味の子供は普段の食事だけでなく、そういった「間食」に関しても親がしっかりと管理していく必要があるでしょう。

子供のうちに増えた脂肪細胞は、大人になっても決して減ることはありません。子供の時に太っていた人が大人になって痩せたとしても、脂肪細胞はそのまま「空き部屋」となって体内に残っています。ですから中年となって代謝が落ち、そこで毎日暴飲暴食を続けていると、空き部屋だった脂肪細胞が脂肪で満たされ「中年太り」となってしまうのです。

大人になっても健康体でいるためには、子供のうちにこの「脂肪細胞」を必要以上に増やさないことが肝心です。間食はやめ、三度の食事でバランスの取れた栄養を摂取する。とにかくそれを心がけるようにしてください。

食事だけじゃない！歯の噛み合わせもとっても大事

近年、スポーツの分野において「歯の噛み合わせ」の重要性がとても注目されるようになってきました。

歯の根っこのところには、脳神経の中でも重要な神経である「三叉《さんさ》神経」（そのうち、歯と関係があるのは上顎神経と下顎神経）があります。三叉神経は噛む力となる咀嚼《そしゃく》筋を支配しており、噛む圧力が大きければ大きいほど、脳に伝わ

る運動の信号も大きくなり、より大きな力（筋力）を発揮できるといわれていま
す（測定器を使った実験などでも、噛む力と筋力の相関関係は証明されています）。

噛み合わせによって筋力が大きくアップするのは、ラグビーや相撲であれば相手にぶつかっていく瞬間です。野球ならばバットで球を打つ瞬間も、歯はしっかりと噛み合わさっており、瞬発的に力を出す場面において、とくに「噛み合わせ」が大きく関与していると考えられています。

また、歯並びや噛み合わせはそういった筋肉の動きのみならず、人間の姿勢にも大きく影響しています。噛み合わせの悪い人は、頭と顎の位置関係が不安定な状態で、頭や首に大きな負担がかかっているのです。

こういった「悪い姿勢」が長く続くと、頭部あたりだけではなく肩や腰など全身に悪い影響を及ぼし、運動能力の低下や首痛、肩こりといった症状になって表れてしまうことにもなります。

勉強でもスポーツでも、姿勢が悪いとすぐに疲れたり、バテやすくなったりし

ます。プロスポーツの世界では「故障の多い選手は姿勢が悪い」ということがすでに実証されていますから、子供の「歯の噛み合わせ」と「姿勢」に関して、親御さんはとくに注意を払うようにしてください。

元々は歯を守るためにボクシングなどで使われていたマウスピースも、この「噛み合わせ」を正す上で効果が期待できる器具として今では広く使われており、近年ではそれをさらにカスタマイズした「マウスガード」が普及しています。

マウスガードの一番の目的は、運動時の歯に加わる衝撃の防止です。そしてさらに、噛み合わせがよくなることによって、瞬間的に発揮する筋力もアップするのです。

このマウスガードは子供の歯を守るため、あるいは運動能力向上にも最適ですが、スポーツ医学の知識をちゃんと持っている歯科医に作ってもらうことをおすすめします。

「日本スポーツ歯科学会」のホームページ（http://kokuhoken.net/jasd/）には、

認定医（歯科医師）や認定スポーツデンタルハイジニスト（歯科衛生士）、認定マウスガードテクニカルインストラクター（歯科医師・歯科技工士）が紹介されているので、そういった認定医のいる病院、歯科医院でマウスガードを作るようにしましょう。

このマウスガード、最近ではプロ野球でも使っている選手は多いですし、高校野球でも今は白いマウスガードであれば使ってよいとされています。

終章

子供の能力を最大限に引き出す方法とは？

そもそも、スポーツすることはなぜいいのか？

本書では「スポーツをすることによって、健やかな心身を育んでいく」ことをテーマに、親はどうやって子供のやる気を引き出していけばいいのかについて、いろいろとご説明をしています。

しかし、そもそもスポーツをすることで、子供の何がよくなっていくのでしょうか？

あるいは、スポーツで何が育まれていくのでしょうか？

その答えのまず第一は「ルールの中で楽しむ」ことによって、規律やマナーといった〝決まり事〟の重要性を理解することができます。これは後々社会で生きていくために必要な考え方でもあります。

第二は、スポーツをすることによって「努力することの大切さ」を子供たちは学ぶことができます。練習を積み重ねることによって、以前の自分にはできなかったことができるようになっていく感覚を味わえるのが、スポーツの醍醐味でもあります。

「練習をしたら、このレベルのことができるようになった。だったら、次はさらに上のレベルに挑戦しよう」

こうして「自分をよくする」ための努力が始まります。これはスポーツのみならず、勉強にも同じことがいえますね。スポーツで学んだ「努力することの大切さ」は勉強にも生かすことができるのです。

第三は、スポーツをすることで、健全な精神と肉体が育まれていくということです。勉強で生じるストレスは精神的疲労です。そしてこの精神的疲労は、肉体的疲労が回復することで一緒に回復していきます。つまり、精神的なストレスを解消するためには、あえて肉体的疲労を作り、それを回復させることが一番ともいえるのです。

もちろん、スポーツをするだけで身体は健康になりますし、肉体的疲労とともに精神的疲労も解消されるのであれば、まさに一石二鳥です。

もし本書をお読みのお父さん、お母さんの中に「最近ストレスがたまりすぎて……」という方がいたら、お子さんと一緒にスポーツすることをおすすめします。

もちろんここで挙げた以外にも「勝負強さを育める」「忍耐強くなれる」。団体競技であれば「チームワーク、思いやりが学べる」など、それこそ挙げだしたらキリがないほどいろいろなメリットがあります。

スポーツをするならなんでもＯＫです。とにかく「楽しんで身体を動かす」ことが重要なのです。

子供をスポーツの世界に自然に導くためには？

子供に何かスポーツをさせたい。そう思っている親御さんは多いと思います。でも、無理やり子供にスポーツをさせても、それでは健やかな心身は育まれませんし、何より長続きしません。肝心なのは、自然な流れで子供がスポーツを楽しめるように親が導いていくことです。そのために親は何をすればいいのか。おすすめの方法をいくつかご紹介しましょう。

ひと口に「スポーツ」といっても、世の中にはいろんなスポーツがあります。大別すると、野球やサッカーのような団体競技と、水泳や空手、柔道といった個人競技に分けられます。

子供に、自然な流れでそのスポーツに親しんでもらうようにするには、まず第一にその種目のトップレベルの試合（野球ならプロ野球、サッカーならJリーグ、水泳や柔道なら第一線で活躍する選手が出場する大きな大会）を〝生〟で観戦することです。

子供は「○○ごっこ」をして遊ぶのが大好きです。男の子ならウルトラマンや仮面ライダーなど、自分の好きなヒーローになりきって遊ぶのが大好きですよね。子供たちがウルトラマンや仮面ライダーになりきって「ごっこ遊び」をするのは、それがワクワクして楽しいからです。

サッカーをさせたいから「サッカーの練習をしなさい」とか、野球をさせたいから「キャッチボールをしなさい」「素振りをしなさい」といきなり教えても、子供はワクワクしません。何よりも大切なのは、子供に「あ、このスポーツって楽しい」と思ってもらうことです。そんなワクワク感を感じてもらうのに最も適しているのが、トップレベルの試合を実際に見せてあげることなのです。

プロ野球などでは、スタジアム周辺に子供が遊べるアトラクションなどを用意して「試合以外にも子供が楽しめる工夫」がいろいろとなされています。

大勢の観客が選手たちの動きをその目で追い、素晴らしいプレーがあれば大歓声が上がる。ちょっと飽きたらアトラクションなどで遊んだり、食事をしたり、グッズショッピングをしたりして楽しむ。

そんな〝生〟ならではの迫力と楽しさを子供に感じさせることが、スポーツに興味を持ってもらう上で最も重要なことなのです。

親がスポーツをしていると子供も興味を持つ

子供が自然とスポーツを親しむようにするのために大切なこと。その二つ目は

「親が実際にそのスポーツをプレーしているところを見せる」ことです。

かつて私がプロ野球の世界にいた頃、選手たちに「野球をするようになったきっかけ」をよく聞いていました。一番多かった答えは「お父さんのやっている草野球に連れていかれて」というものでした。

ママさんバレー、バスケット、バドミントン、卓球、お父さんの草野球、サッカー、フットサルなどなんでも構いません。親が一生懸命かつ楽しそうにプレーしているところを見れば、多くのプロ野球選手がそうであったように、たいていの子供は興味を示すものです。

空いた時間に、親やその他の大人にボールなどで遊んでもらえれば、子供はうれしいでしょうし「上手、上手」「うまいねー」とほめられれば「あ、このスポーツ、楽しいな」ときっと感じてくれるはずです。

とにかく、スポーツに親しむ最初の一歩は「ワクワク感」であることを忘れないでください。そしてその上で、いろんなスポーツを子供に見せ、一番興味を持ってくれたスポーツをさせてあげるようにすればいいと思います。

「～しなさい！」では子供の自主性は育まれない

親が自分の子供に小言を言ってしまうのは、わが子を心配しているからです。

「宿題やった？」

「ハンカチ持った？」

「給食袋は持った？」

「手洗い、うがいはした？」

そして、それらを子供がやっていないとしたら「ちゃんとしなさい！」「あなたはなんでいつもそうなの！」などとどうしてもネガティブな言葉が出てきてしまいます。

でも、ちょっと考えてみてください。親は確かにわが子を心配しているかもしれませんが「宿題やった?」などの発言は、相手を信用していないから出てくる言葉です。

子供の立場になってみれば、毎日のように信用されていない言葉を投げかけられるわけですから「僕はお母さんにぜんぜん信用されていないんだ」と考えるようになります。わが子を心配するあまり、子供の自尊心を無意識に傷つけてしまっているのです。

また、親が子供に命令するかのようにものを言いつけていると、子供はいつしか受動型の人間になってしまいます。

「宿題しなさい!」

「明日の準備をしなさい!」

このような言い方では子供の自主性は育まれません。では、子供が能動的に動くようにするには、親はどうやって導いていけばいいのでしょうか?

そのためのひとつの方法として、私は「子供に選択させる」習慣をつけていくのがいいと思っています。大人が一方的に押しつけるようなものの言い方をしていたら、子供は受け身になってしまいます。

そうではなく、子供にいくつかの選択肢を示し、その中から自分で好きなものを選ばせてあげれば、そこに自発性が生まれますし「自分自身で選んだことだから」という責任感も出てくるでしょう。

たとえばこうです。

夕方、遊びから子供が帰ってきました。宿題はまだしていません。そうなると、ほとんどの親は「早く宿題しなさい!」と子供に言うと思います。

でも、選択肢を与える方法だと違います。

「宿題する? それともご飯にする? あるいは部屋の片付けをする?」と複数の選択肢を提示し、その中から子供に「次にすべきこと」を選ばせるのです。親

○
×
宿題する？
ご飯？
部屋の片付け？
宿題
しなさい

が子供をリードしつつ、こういったやり方を続けていけば、子供の中に自主性が生まれ「次にやるべきこと」の優先順位づけもできるようになっていくのです。

子供のやる気をそぐNGワード

否定的な「〜してはいけない」の他にも、子供に対して言ってはいけないNGワードは存在します。

その最たるものは「なんでそんなこともできないの？」です。

子供が健やかに育っていくためには、何よりも自己肯定感が重要です。そして、その自己肯定感は「あるがままの自分でいいんだ」と子供が感じることによって育まれていきます。

しかし「なんでそんなこともできないの？」と言われたら、子供は「自分はこんなこともできないダメ人間なんだ」と存在を否定されているように感じてしまいます。毎日のように「なんでそんなこともできないの？」と言われ続けたら、その子の積極性は失われ、消極的かつネガティブな考え方の人間になってしまうことでしょう。

また、この言葉は親だけではなく、当然のことながらスポーツチームの指導者も絶対に言ってはいけないNGワードです。理由は先ほどお話しした通りですが、もし「なんでそんなこともできないんだ！」と怒鳴っている指導者がいたとしたら、それは自分自身の指導力のなさを大声で叫んでいるようなもので、非常に恥ずかしいことだと思います。

大人が考える「そんなこと」を「できるように」してあげるのが、親や指導者の役割なのです。それを忘れないでください。

さらに「そんなこともできないの？」に、誰かとの比較が入ると最悪です。

「○○ちゃんはできるのに、あなたはなんでできないの？」

こんなことを言われたら、子供の自尊心は傷つき、自分に自信を持てなくなってしまいますよね。

また、その他のＮＧトークとして挙げられるのが「親（または指導者）の昔の自慢話や苦労話」です。

これは、みなさんが子供だった頃を思い出してもらえばいいと思います。

「昔はもっと～だった」とか「昔の私はもっと～していた。だからお前たちも～しろ」といった話を親や指導者（あるいは教師）からされて、みなさんはどう感じましたか？

「そうなのか、なるほど、参考になった」と感心しましたか？

いや、ほとんどの人が「また始まったよ。昔の話なんてどうでもいいんだよ！」と感じていたはずです。この私ももちろんそうでした。

要点だけを絞り、短く昔の話をするのであれば、それはたまには効果を発揮するかもしれませんが、いつもいつも「昔の私は〜」「昔はもっと〜だった」と言われたら、子供たちは聞く耳を持たなくなってしまうでしょう。

くれぐれも、自分の過去の自慢話や苦労話をたびたび話すこと、くどくどと話すことはしないように気をつけてください。

いい叱り方、悪い叱り方

ここまで、子供のやる気を引き出すためにはどんな言葉をかければいいのかについて、本書では詳しくご紹介しています。

しかし、子供の才能を伸ばす上で「ほめて伸ばす」ことはとても大切ですが、時には「叱る」という手段を用いなければならない時もあります。

ルールや約束を破った時、あるいは思いやりのないふるまいや、人としてやってはいけないことをした時など、暴力を振るうのはあってはならないことですが「叱る」という行為は子供の健やかさを保つ上で重要な手段となるのです。

叱り方にもいろいろありますが「悪い叱り方」の最たるものは「怒鳴る」やり方です。指導者や親御さんの中には勘違いされている方もいますが「叱る」と「怒る」はまったく別のものです。

子供の間違った行いや考え方を修正し、いい方向に導いてあげるのが「叱る」というやり方です。

一方の「怒る」は、思い通りにならない子供に対して大人が不満を爆発させているだけで、このやり方では子供は自分の何が悪かったのかに気づくことができません。子供の記憶に残るのは「あの時のお父さん（お母さん）はとても怖かった」という恐怖感だけです。

「いい叱り方」は、椅子に座るなどして子供と目線を合わせ、子供の肩やヒザなど身体の一部に手を当てて諭すように語りかけます。

母親が「あなたにはわかってほしいの」という思いでしっかりと語りかければ、子供は親の目を見て、何を言わんとしているのか理解しようとするでしょう。

子供を叱る時は相手と目線の高さを合わせ、ボディタッチをしながら。

これを忘れないでください。

子供と一緒に、親も夢を追おう！

以前、とあるクレジットカードのＣＭで、父と娘のこんな会話シーンがありました。

父「将来の夢はなんだね？」
娘「パパみたいな建築家になる」
ここで父親はうれしそうに微笑みます。すると娘がこう問い返します。
娘「パパの将来の夢は何？」
父「だって、パパはもう……」
父はここで言葉に詰まってしまいます。

私たち大人（とくに子を持つ親）は「夢を持ちなさい」と子供に言い、そして「その夢を実現させるために頑張りなさい」と教えます。確かに、大きな夢を持つのは若い世代の特権といえます。

しかし、夢を持てるのは子供たちだけなのでしょうか？

子供に言うだけで、私たち大人は夢を持たなくていいのでしょうか？

夢のない大人を見て、子供たちはどう思っているのでしょうか？

ひとつの夢を実現したら、それで終わりなのでしょうか？

そんないくつもの疑問を、このCMは私たちに訴えかけてきます。

1989年、私は日本初のコンディショニングコーチとして、近鉄バファローズに入団しました。私が高校時代から抱いてきたひとつの夢が実現した瞬間でした。その後、私は千葉ロッテマリーンズやメジャーのニューヨーク・メッツでコンディショニングコーチとして働きました。

それぞれのチームで、私はそれまでに蓄積してきた理論を生かし、選手たちの身体がベストコンディションになるよう全力を尽くしました。

しかし、科学や医療技術の発達によって、私が専門とするトレーニング理論やコンディショニング理論は日々進化していきます。

私は、

「時代遅れの理論で選手たちのコンディションを整えることはできない。指導者として私はこれからもっともっと学ばなければならない」

夢を持てるのは
子供たちだけなのでしょうか？
子供に言うだけで
私たち大人は
夢を持たなくていいのでしょうか？
夢のない大人を見て
子供たちはどう思って
いるのでしょうか？
ひとつの夢を実現したら
それで終わりなのでしょうか？

と考え、2004年に筑波大学の大学院を受験することにしました。この時、私は40歳。筑波大学大学院進学という二つ目の夢を抱いた瞬間でした。

まずは親が「一生懸命に生きる姿」を子供に見せる

二つ目の夢を実現すべく、私は受験対策として人生で初めて単語帳を作ったりもしました。家での勉強はもっぱらリビングで行いました。勉強場所にリビングを選んだ理由は、父親の頑張っている姿を、大人が夢を追っている姿を、子供たちにもしっかりと見せたほうがいいと考えたからです。

猛勉強の甲斐あって、私は筑波大学大学院に進学することができました。私は合格発表で喜ぶ姿もそのまま子供たちに見せました。子供たちも私と一緒になって合格を喜んでくれました。そして「夢が叶うって、これほどうれしいことなんだ」と理解してくれたようでした。

お酒を飲んで酔っ払い、だらしなく横になっている親が、子供に「勉強しろよ」と言ってもあまり説得力はありません。私のように実際に親も勉強している姿を見せたほうが、よほど効果的ではないでしょうか。

もし子供から「なんでお父さんは勉強するの」と聞かれたら、私はこのように答えます。

「自分のやりたいことをやるには、勉強をしなきゃいけないから。それに家族が生活していくにはお金も必要だしね。つまり、父さんは自分と家族を幸せにするために勉強しているんだよ」

お父さんだけではなく、お母さん方も何か夢を持って生きてみるといいと思います。そんな大そうな夢は必要ありません。

たとえば「一年後に体重を○○キロにする」と宣言し、そのために週ごと、月ごとに食生活とトレーニングのプログラムを組み、それを実践するなどしてみてはいかがでしょうか。最近流行の通信制の勉強プログラムで、資格取得に挑戦するのもいいかもしれません。

「親の背を見て子は育つ」ということわざは、決してウソではありません。親が一生懸命に生きる姿は、何よりも雄弁に「夢を持つ大切さ」「頑張ることの大切さ」を子供に伝えてくれるのです。

おわりに

本書では、子供をいかにスポーツに熱中させるか、それを親がどうやってサポートしていけばいいのか、子供のやる気を引き出していくにはどうしたらいいのかについてご説明してきました。

本書で繰り返しお話ししてきましたが、子供がスポーツを続けていく力となるのは何よりも「そのスポーツが好き」という気持ちです。そしてその「好き」という気持ちをさらに大きくし、子供の心と身体をより成長させていくには親のサポートが欠かせません。

いかに子供のやる気を引き出していくか？
子供が困難や壁にぶち当たった時、親はどんな声をかけてあげればいいのか？

そういったことでお悩みの親御さんは多いと思いますが、本書ではできる限り、あらゆるスポーツに通じる言葉ややり方で、それらのご説明をさせていただいたつもりです。

どうかお子さんの「そのスポーツが好き」という気持ちを大切にしてあげてください。その「好き」という気持ちが、スポーツを続ける上での根気や粘りとなり、強い心を育んでいくことにつながるのです。

私は、プロ野球界でコンディショニングコーチをしながら「ポジティブシンキング」の重要性に気づきました。そして、どうやったら常に前向きに明るく物事に取り組んでいけるのか、その方法論を自分なりに考え、それを選手たちに説明してきました。

そして最近、日本でもペップトークを普及させようとする団体があることを知りました。そこで、私が今まで培ってきた方法論が「正しい」という確証を得たい気持ちもあり『一般財団法人日本ペップトーク普及協会』のセミナーに参加したのです。

その結果「今まで自分がやってきたことは間違いではなかった」と確信が持てましたし、それがさらに自信にもなり、また新たな発見にもいくつも出会うことができました。

この貴重な経験も踏まえ、私は自分なりに「選手のやる気に火をつける」方法論を再構築し、本書にそれをまとめさせていただきました。

『一般財団法人日本ペップトーク普及協会』は、講演会やセミナーなどを随時開催しています。本書をお読みになって、ペップトークに興味をお持ちになられた方は、ぜひ一度ご参加いただければと思います（詳細はホームページをご覧ください　https://www.peptalk.jp/）。

子供が一生懸命そのスポーツに取り組むようになったら、親は否定的な言葉は使わず、温かく見守ってあげてください。常にポジティブな言葉をかけて、楽しい気持ちにさせてあげる。それが家庭においても、スポーツの指導現場においても、最も大切なことなのです。

2018年　3月

立花龍司

【参考文献】

「マーフィー 成功者の50のルール（ゴマブックス）」 著／佐藤富雄
「たった1分で相手をやる気にさせる話術 PEP TALK（フォレスト出版） 著／浦上大輔

励ます技術

2018年4月27日　初版第一刷発行

著　　者／立花龍司

発 行 人／後藤明信
発 行 所／株式会社竹書房
〒102-0072　東京都千代田区飯田橋2-7-3
☎03-3264-1576（代表）
☎03-3234-6208（編集）
URL　http://www.takeshobo.co.jp

印 刷 所／共同印刷株式会社

カバー・本文デザイン／轡田昭彦＋坪井朋子
取材協力／スポーツカンパニー
カバー写真／K@zuTa/PIXTA
イラスト／黒谷知也
編集・構成／萩原晴一郎

編 集 人／鈴木誠

Printed in Japan 2018

ISBN978-4-8019-1444-5